U0142492

校長真誠領導
理論與實踐

馮丰儀　著

五南圖書出版公司 印行

序　言

　　校長領導對於學校教育發展之影響實為關鍵，面對績效責任的要求及多元利害關係人的壓力，近年來，校長「有責無權」的慨歎時可聽聞，校長退休潮的湧現，顯現當前「校長難為」的教育環境和制度確有需要檢討調整的地方，然而有為有守、堅守教育理念且付諸行動的校長依舊大有人在，突顯校長真誠領導係一值得關注的議題。研究真誠領導的過程中，在邀請人推薦合適的研究對象時曾得到「現在很少有這樣的校長」之答覆，而在此書完成之際，我真的相信有這樣的校長，也更能體會文獻中所提到：真誠領導強調領導者有明確的教育信念及堅持、會反思領導實踐並調整，展現出道德自律、言行一致、處事公平透明，及與成員建立真誠關係，來形塑成員對教育工作的意義與價值感，影響其教育投入。

　　本書係彙集科技部專案研究成果而成，聚焦真誠領導實踐、效果、影響因素及真誠領導者發展。首先就真誠領導學理加以分析，次因考量國情與文化脈絡，以質性研究方法探究校長真誠領導圖像，及校長真誠領導與學生學習個案分析；接著以上述研究發現為基礎進行量化研究，探究校長真誠領導實踐、阻礙因素，以及校長真誠領導、親信關係及工作態度之關係。最後，以行動研究探討反省實踐導向教學於學校領導者真誠領導發展之應用。本書內容呈現了教師、校長的觀點，顯示校長真誠領導實踐確實具有可行性，以提供教育行政學界及身為及有志成為校長的學校實務工作者參考。

　　本書得以出版，感謝研究參與者們提供寶貴的研究資料，暨南國際大學給予優質的教學及研究環境，諸多前輩的指導與勉

勵，教育政策與行政學系同事的支持，以及科技部給予的研究經費補助。另外，感謝審查委員提供的寶貴意見，五南圖書出版公司編輯群的協助，以及梁信筌、汪盛婷、蔣佩臻、許庭瑄同學對本書的仔細校對。最後，感謝家人的支持與付出。本書撰寫雖力求周延，然疏漏之處在所難免，敬請方家前輩不吝指導。

馮丰儀 謹識

2018年2月

國立暨南國際大學

教育政策與行政學系

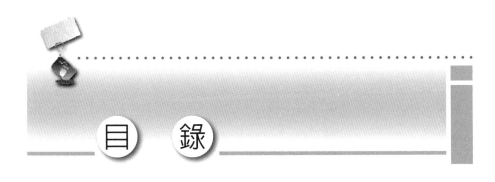

目　錄

圖目錄

表目錄

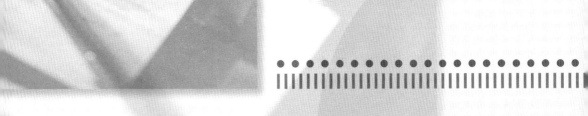

第一章

緒　論

第一節　研究背景

一、領導醜聞頻傳重挫對領導者之信任引發真誠領導之提倡

　　雖然真誠的概念在領導之應用最早出現在心理學及教育領域（Avolio & Gardner, 2005），然而過去10年來，在政府組織與私人企業一連串領導者醜聞與違法犯紀的影響下，大眾對領導人物產生了不信任，與對領導者正直、真誠之期待，真誠領導受到商管領域業界與學界人士之重視與提倡（Gardner, Cogliser, Davis, & Dickens, 2011）。Luthans與Avolio（2003）立基於領導學、倫理學、正向心理學之上提出真誠領導理論，之後真誠領導理論文章與實徵研究即如雨後春筍般在商業管理領域出現，其概念也逐漸被應用至其他領域，成為新興的主流領導理論（秦夢群，2005）。

　　Avolio與Gardner（2005）指出，相較當前的領導理論，真誠領導是根基性的概念（root construct），是構成其他正向領導（如轉型、魅力、服務與靈性領導）的基礎。因為真誠領導與領導的本質有關，不管領導者欲採取何種領導，真誠都應該是核心要素（George, 2003）。相較於其他正向領導較強調對員工工作行為的影響，真誠領導強調領導者的正面價值及個人自我覺察，而所有正向領導的實施都應立基於個人自覺之上，當領導者表現出真實的自我，不僅會影響到部屬對自我的概念，也會影響到部屬的生命意義與幸福感（林家五、王悅縈與胡宛仙，2012）。

　　是以真誠領導能夠與其他類型的正向領導相融合，有助提升其效果。此外，真誠領導有別於其他領導，對成員與組織的正向影響效果已陸續被研究證實（Walumbwa, Avoliom, Gardner, Wernsing, & Peterson, 2008）。

二、多元衝擊下校長教育理念如何把持突顯真誠領導之必要

　　檢視國內教育生態，後現代主義之解構主流與民主思潮之尊重多元訴求已促使學校組織權力結構產生改變（秦夢群，2010），教師自主意識及家長參與校務意識提高，學校行政人員、教師、家長衝突對立事件層出不窮，彼此間不信任關係日益升高，校園呈現只講現實，不講理想；只顧利害，不顧道義；個人第一，學生次之及權益至上，責任次之的四種病態現象（吳清山，2002）。加上現今效率、績效掛帥，以結果論成敗的社會價值影響下，面對來自上級、學校成員、家長、社區人士與民代等多樣利害關係人提供之強力誘因與施加的沉重壓力，對校長而言確實是一大考驗。校長的信念往往不敵所遭遇之行政現實（Campbell, 1996），有些校長選擇隨波逐流，忘記初衷，以工具理性凌駕目的理性，做出與教育本質不符、有違教育目的之情事，甚至違法、悖理與叛德之行為，一般常見如頻接計畫辦活動，逢迎上級，得到社區肯定，但所做作為是否真對學生有好處則是一大疑問（秦夢群，2010）。儘管校長當中仍有不少為教育投注心力者，然而學校利害關係人對於校長之信任一再遭遇挑戰，學校成員向心力與凝聚力逐漸下降，長久下來，對於臺灣教育將產生不利影響。

　　不可否認地，即使無為而治的校長，其校長領導對於學校教育發展仍有相當的影響力。近年來，學校領導對學生學習的影響已成為教育行政領域學者關注的焦點，校長教學領導或學習導向領導的實施，回歸原點仍需以校長真誠領導為基礎。George與Sims（2007）提到領導不是為了自己的成就，是為了得到忠誠的部屬來追隨自己，真誠領導人忠於自己的信念，獲得其他人的信任，與其他人建立真誠的互動關係；真誠領導人關心如何服務他人，勝過關心自己的成就和知名度。這樣的校長正是當前眾所期盼的，若校長能忠於自己的教育信念，時時自我觀照，透過言行一致的表現，與學校教師真誠互動，建立學校教師對他的信任與組織凝聚力，甚至引發教師見賢思齊在自

己班級實施真誠領導，將能達成Duignan（2012）以真誠領導打造深度、豐富與持續學習的學校環境，促進學生真實學習。檢視臺灣教育環境，校長真誠領導之實踐確有其必要性，故本書將聚焦於此加以探討。

三、華人文化價值影響校長領導須納入探究真誠領導之考量

Wilson（2014）建議真誠領導研究宜立基於非西方社會和文化脈絡，以加深和拓展對真誠領導及其影響之理解。探究校長真誠領導之際，華人文化價值之影響應列入考量。華人文化乃基於儒家思想中的人倫概念，強調人與人相處時必須遵循「尊卑」與「親疏」，以符合儒家「仁」、「義」、「禮」之精神，其中尊尊法則代表權威取向，親親法則則代表關係取向。探討華人領導行為時，此兩種文化價值的影響實不容忽視（鄭伯壎，2004）。而基於華人文化特性的家長式領導和差序式領導對於員工的效能都具有影響效果，家長式領導係在人治的組織氛圍中，領導者扮演如父親般的仁慈與威權，並能以身作則展現高度德行操守，促使部屬追隨效忠，提升工作效能。至於差序式領導則指領導者對不同部屬有不同的對待方式，即領導者對較偏好的部屬會有較多偏私行為的領導方式（姜定宇，2012）。由此可知，上述兩個價值可能對校長真誠領導實踐產生影響，是以本書關注華人文化價值影響下之校長真誠領導實踐。

四、反省實踐導向教學於真誠領導發展之應用與影響宜加以探討

真誠領導係一發展的歷程，Cooper、Scandura與Schriesheim（2005）指出有些領導者不需要任何指引即能成為真誠的領導者（如甘地），但是其他人卻需要借他人協助來實現其真誠。George在訪問過商業及非營利組織的真誠領導者後提及：這些成功領導人沒有共同特徵，其領導是來自於個人對人生經歷的解讀，從中發掘自己的熱情和領導目的，因此成功的領導者需要刻意培養使忠於自己的人生經歷

（楊美齡譯，2008）。大多數人的自覺有限（Branson, 2007b），如果能幫領導人更注意他們的領導才能，他們就能改變自己和部屬的互動，進而影響到部屬對他們作為領導人的不同評價（袁世珮譯，2006），終而對團體績效產生正面影響。真誠領導是在教育行政專業上有效、合理及有意識的反省實踐象徵，以學校領導者之自我覺察為基礎，傳達價值及有技巧的行使領導技能來達成目的（Begley, 2001; 2006），反省實踐強調個人對自身信念與行動的深思熟慮，並藉由過去經驗的累積與不斷重新建構，來達成改變個人行為的目的，進而追求持續性的成長（陳依萍，2002）。誠意正心是真誠領導的基礎，真誠領導植基於校長的道德修為（自律），成為一位真正的領導者是要經過不斷的道德修為（自律）與反思學習（張慶勳，2008）。由此可知，真誠領導發展與個人的反省實踐息息相關。是以本書另一研究焦點置於真誠領導發展，將透過行動研究探究反省實踐導向教學在中小學校長真誠領導發展之應用。

綜上所述，在現今什麼都講求現實，人在屋簷下，不得不低頭的年代，中小學校長若只將自己視為政策執行者，不思索教育的目的和本質，忽略自己應擔負的教育責任，對學校教育發展恐將是禍不是福，故中小學校長真誠領導之實施有其重要性且是當前值得探究的課題。然而檢視相關文獻，國內目前聚焦校長真誠領導之研究尚屬起步階段，且現有之真誠領導理論與研究係植基於西方脈絡，考量文化脈絡對學校領導實有影響，故本書期扎根本土，針對我國中小學校校長真誠領導進行探討，除了希望能充實國內教育領導研究成果，將本書結果與國際進行對話交流外，更希冀藉由中小學校長真誠領導的實踐經驗與教師觀點之呈現，提醒中小學校長真誠領導之重要性，作為實踐之參考借鏡；另外，本書應用反省實踐導向教學以促進中小學校長真誠領導之應用經驗及結果，亦可供校長培育及專業發展單位參考。

第二節　研究目的與研究方法

一、研究目的

基於上述研究脈絡，本書之主要目的包括：

（一）探究我國教師對校長真誠領導圖像之看法。

（二）瞭解我國中小學校長真誠領導的實踐情形及影響因素。

（三）分析我國中小學校長真誠領導實踐對教師之影響。

（四）發展我國中小學校長真誠領導理論模式並加以驗證。

（五）檢視反省實踐導向教學於我國學校領導者真誠領導發展之應用與影響。

（六）依據研究結果，提出相關結論與建議供相關單位及人員參考。

二、研究方法

為達成研究目的，本書分為三階段，首先透過文獻整理與分析，以瞭解真誠領導概念、內涵及國內、外相關研究成果，之後藉由焦點團體訪談以瞭解教師對「真誠領導者圖像」之看法，及進行個案研究以蒐集脈絡化校長真誠領導之實踐經驗。接著依據焦點團體訪談及個案研究結果，整理出真誠領導架構。第二階段以之為基礎發展中小學校長真誠領導問卷進行全國性調查，蒐集校長真誠領導實施現況，及相關變項的資料驗證校長真誠領導理論模式。第三階段則進行行動研究，以瞭解反省實踐導向教學於校長真誠領導發展之應用與影響。三階段研究重點與流程請參見圖1-1。茲就研究方法分別說明如下：

㈠焦點團體訪談

為瞭解教師對真誠領導者圖像之觀點，及其知覺真誠領導者之影響，與真誠領導影響因素，本書邀請高中、職、國中、小主任、組長、教師及教師會成員參與焦點團體訪談，共進行三場，分別為7

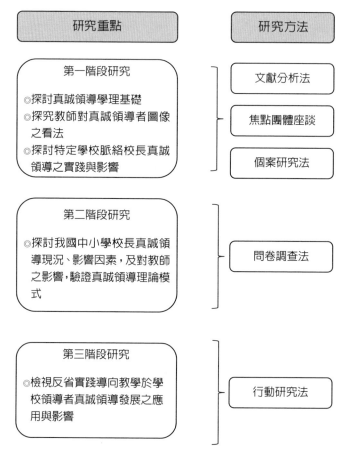

圖1-1　研究重點與方法

人、9人、9人、合計25人。

㈡ 個案研究

　　為掌握特定學校脈絡中，校長如何實施真誠領導及其可能影響，探索校長真誠領導實踐經驗，研究者挑選國中校長一名進行個案研究，蒐集資料以訪談校長及學校成員為主，文件分析為輔，期對校長在特定學校脈絡中踐行真誠領導及對學校成員的影響有整體深入的瞭解。

㈢ **問卷調查**

為發展與驗證真誠領導理論模式，本書以國中、小教師為研究對象，實施問卷調查，以瞭解臺灣地區國中小校長真誠領導實踐情形；比較不同背景教師知覺校長真誠領導實踐之差異情形，探究校長真誠領導實踐、學校成員親信關係知覺與工作態度之關係。另外，亦以國中、小校長為對象，以瞭解其自評真誠領導實踐情形及影響因素。

㈣ **行動研究**

鑒於真誠領導係一發展的歷程，而自我覺察與反省為真誠領導的重要要素之一，是以本書立基於焦點團體訪談、個案研究及調查研究結果之上，探究學校領導者真誠領導之發展，聚焦反省實踐導向教學於學校領導者真誠領導發展之應用與影響。

三、研究倫理

本書之研究倫理主要秉持「知情的同意」與「保護對象免於遭受傷害」兩個原則，前者係指研究對象是自願接受研究，理解這項研究的性質及所包含的危險和義務，而後者係指避免研究對象暴露於比研究收穫更大的風險中。研究進行前，筆者告知研究對象有關本書之目的、性質，及進行方式，並強調以尊重保密原則來呈現資料，徵得其同意，研究過程中亦將隨時進行自我反省，避免做任何價值判斷。為確保取得資料免於受筆者主觀的影響，筆者於每次資料取得後即將資料作整理與初步檢核，並透過省思札記反省。資料分析過程中，雖然希望能詳實的呈現資料，但因取得的資料有些涉及研究參與者個人的經驗與感受，筆者以被研究者可能受到的影響為重要考量，注意資料保密工作，除將研究對象匿名處理，引述若有涉及個人隱私或一些敏感性的話題，將採淡化處理，以保護受訪者為前提。

第三節 本書架構與綱要

依據前述之研究脈絡、目的與方法，本書先探討真誠領導之概念及相關研究，作為後續實徵研究之知識基礎，次探究學校教師認知的中小學校長真誠領導圖像、校長以真誠領導打造良好學校環境之經驗，接著立基前述質性研究結果之上，探討校長真誠領導實踐及其影響因素、校長真誠領導、教師親信關係及工作態度之關係模式，之後將焦點置於學校領導者真誠領導發展，以行動研究檢視反省實踐導向教學之實施與效果。最後提出研究結論與建議。茲就本書第二章至第八章內容簡述如下：

第二章 真誠領導之概念及相關研究

本章主要透過文獻分析來瞭解真誠領導意涵、真誠領導過程，及國內外相關研究情形，作為第三至七章實徵研究基礎，第三章至第七章則不再重複敘述。

第三章 中小學校長真誠領導圖像

領導係被領導者對可能影響他們的領導者特質和行為的知覺與理解，本章係聚焦教師對中小學校長真誠領導、不真誠領導實踐及可能影響之觀點。

第四章 以校長真誠領導打造良好學校環境

校長真誠領導的實施有助和學校教師的真誠互動，提升組織信任與凝聚力，為學生共同打造良好的學習環境，促進其真實學習。本章係探究一所國民中學校長如何實踐真誠領導及對學校成員所產生的影響。

第五章 中小學校長真誠領導實踐及其影響因素

在現今效率、績效掛帥，以結果論成敗的社會價值影響下，面對來自多樣利害關係人提供之強力誘因與施加的沉重壓力，對校長真誠領導之實施實是一大考驗。本章主要從校長與教師角度探究國中小校長真誠領導實施情形與影響因素。

第六章　中小學校長眞誠領導、教師親信關係及其工作態度之關
　　　　係

　　校長真誠領導實踐對教師之影響值得關注。本章從國中、小教師
角度切入，探究校長真誠領導實踐、親信關係及工作態度的關係模
式，並以親信關係為中介變項，探討結構間的影響關係；最後比較兼
任行政及專任教師在校長真誠領導實踐及親信關係知覺之差異情形。

第七章　反省實踐導向教學於學校領導者眞誠領導發展之應用

　　真誠領導係一發展的歷程，提供學校領導者反省實踐的機會，有
助其提升自我覺察。本章聚焦於以行動研究探究應用反省實踐導向教
學於學校領導者發展之歷程及影響效果。

第八章　校長眞誠領導研究之結論與建議

　　本章係以第二章至第七章的內容為基礎，提出對校長真誠領導研
究之結論，並據以提出對校長、教育行政機關、校長專業發展機構，
以及未來研究之建議。

第二章

眞誠領導之概念
及相關研究

第一節　真誠領導之概念

　　有關真誠領導之概念，以下係先就真誠領導之意義加以闡述，次就其主要內涵加以說明。

一、真誠領導的意義

(一) 真誠

　　真誠的概念源自古希臘哲學的忠於自己（to thin own self be true），與中國的「言行一致」概念頗為相近（秦夢群，2010），在哲學和心理學領域有相當多針對真誠概念的主張。在真誠領導概念於商管領域盛行之前，教育領域即陸續有學者（如Begley, 2001; Duignan & Bhindi, 1997; Henderson & Brookhart, 1996; Henderson & Hoy, 1983）針對真誠領導與領導者之真誠（leader authenticity）加以探討，不管是真誠領導，或領導者真誠，兩者均聚焦於領導者以真誠進行領導。Luthans與Avolio（2003）主張真誠為個人的自覺及依個人真實自我行動，表達個人真實想法與信念。Kernis與Goldman（2006）提出真誠的功能（authentic functioning）一詞，係指個人真誠自我在日常生活的實踐，他們主張真誠功能以人的自我理解、開放客觀地確認其本體論的現實、行動和人際關係傾向為特色。Ilie、Morgeson與Nahrgang（2005）持真誠是心理構念，反映個人在所處的社會環境如何看待自己及依自身信奉的價值去生活的傾向。

　　教育行政領域學者所持看法大致也與上述學者們看法類似，如Henderson與Brookhart（1996）則認為真誠係指個人言行一致的程度；Bhindi、Smith、Hansen與Riley（2008）持真誠是個人依據真實的自我行動，以與內在想法和感覺一致的方式表現。秦夢群（2010）亦提到真誠的行為應包括兩方面，一為個人之價值觀、想法與信念；二為與個人信念相互一致的外顯行動，當自我真誠的價值觀與展現之行動相符時，才達到真誠境界。Starratt（2012）主張真誠係個人在面

對道德挑戰時真實的忠於自我，真誠發生在與他人的關係中，對他人的回應；真誠展現在個人所扮演的多元社會和文化角色上的言語和行動。Duignan（2014）在〈教育領導中的真誠〉（Authenticity in Educational Leadership）一文中提到，真誠包含對自己、生活和關係的反省，以及我們必須採取有效的行動來回應工作和生活上的壓力和問題。據此，真誠普遍被學者們視為言行與個人真實自我的一致，但是絕對真誠是個理想，真誠是由別人感知與認定的，真誠的判斷不應是有或無的二分，而是程度上的差別。

(二) 真誠領導

針對真誠的看法，也影響到學者們從內省（intrapersonal）、倫理（ethical）、人際（interpersonal）、發展（developmental）等觀點來思考真誠領導概念。茲說明如下：

內省觀點強調真誠領導著重領導者內心的過程，包含領導者的自覺（self-knowledge）、自我調節（self-regulation）、自我概念（self-concept）（Northouse, 2016）、情感和自我反省（Chen, 2005），而領導者的內心過程是真誠領導者言行表現的重要關鍵。Bhindi & Duignan（1997）認為真誠領導是發現真實自我，真誠領導的起點係對個人價值的深度理解。Avolio與Gardner（2005）亦主張真誠領導首重對自我的真誠，承認自身的個人信念、情感、價值、……，瞭解自己並能依真誠自我，即與內在想法和感受一致的方式採取行動與表達自己。但是自我不僅影響自己與他人的互動，也有可能受社會脈絡影響。因此有學者如Dubois（2010）定義真誠領導是領導者為了領導他人，對個人核心價值的自我評估與證實的自我反思過程。真誠領導包含個人透過反省來改善自我知識（Begley, 2006）。

而個人自我如何不為外物所役則是一重要課題，故有學者強調真誠領導也須關注倫理、道德、對人而言什麼是重要的和對的事（Duignan & Bhindi, 1997）。Bhindi等人（2008）認為真誠領導混合

兩種力量，真誠領導建立在領導者受人肯定的正直及信賴度上，是個人及他人至較高程度的道德和倫理目的之轉化，領導者言出必行以獲得他人的信賴，因此，真誠領導與領導者的正直有關；其次，真誠領導是領導者對高度道德守則的自我要求或者倫理標準的自我堅持，以其指引個人反省以追求真實自我。Walumbwa、Avolio、Gardner、Wernsing與Peterson（2008）亦提到，真誠領導的實踐不應忽略領導者內在的倫理責任。

再者，領導是領導者與成員互動、合作以達成組織目標的歷程，故有學者亦納入人際觀點的考量。Northouse（2016）指出真誠領導係領導者與部屬一起創造的關係，真誠浮現自領導者與部屬之間互動的交互作用過程。真誠領導者展現強烈的價值與關注他人是不夠的，他同時需要部屬的認同，唯有部屬認同領導者之價值才有可能獲致希望的結果，同樣地，也唯有領導者採用部屬的信念與價值，才能創造改變。因此真誠領導被視為一個二元的、團體的與集體的現象（Chen, 2005）。Avolio與Gardner（2005）指出真誠領導是一種行為互動的表現，包含與所有利害關係人的誠實關係。Bredeson（2005）認為真誠領導者表現真誠自我，同時也尊重和確認個人如何在其生活與專業工作上展現真誠，但是真誠不代表只做自己想做的事，忽略其專業職責與組織任務、目標與集體價值。

另外，真誠領導的浮現是需經過長時間的（Chen, 2005），真誠領導是發展的、可培育的，可由重要的生活事件所觸發（Northouse, 2016）。Luthans與Avolio（2003）即視真誠領導是一終身學習的過程，真誠領導係來自正向心理能力及高度發展的組織脈絡，促進領導者與部屬較高的自覺及自我調節正向行為，促使朝向正向自我發展的過程。Walumbwa等人（2008）則定義真誠領導是一種領導行為模式，同時源自與促進正向心理能力及倫理氣候，使領導者和部屬提高自覺，內化道德觀點，平衡處理資訊、關係透明度，促進正向的自我發展，真誠領導是發展領導者與部屬之間互動的真誠關係。此一定

義同時肯定領導者與部屬發展對真誠領導的重要性。秦夢群（2010）亦提到，真誠領導必須有領導效果才算完整，領導者具真誠特質並不夠，仍須產生言行相符之行為，並化育部屬，才是完整的真誠領導。

　　大致而言，目前國內有關真誠領導的定義多採納了上述幾種觀點，如秦夢群（2010）定義真誠領導係指領導者清楚覺察自我之信念，以誠實、崇高、具使命感等內化道德觀，表現出與內在想法一致的外顯行為，並透過他人的回饋進行自我調節，培養部屬的信任感，進而使其產生同樣特質的領導者模式。蔡進雄（2013）認為真誠領導係領導者具有堅定的核心價值，價值信念與外在行為一致，並能展現正直自律及樂於服務他人，贏得成員的信任以促進組織成長與正向發展。馮丰儀與楊宜婷（2012）則指出真誠領導為領導者具真誠的價值觀與信念，能覺察自我信念，表現出言行一致且公開透明的領導行為，並讓他人感知領導者的真誠，進而培養成員對其的信任感與向心力。

　　綜上所述，本書認為真誠領導係領導者能對己身的教育價值與信念自我覺察，及藉由自我反省與他人回饋進行自我調節，以高度道德標準自我要求，展現出與其教育價值和信念相符一致的領導言行，及正向的心理能力，訊息處理公平透明，與組織成員建立真誠關係，獲得信任，激發其見賢思齊，使成為真誠的部屬，進而對組織成員工作態度及組織產生正向影響的歷程。

二、真誠領導的內涵

　　有關真誠領導之內涵，目前較常被使用的是商管領域的學者們，如George（2003）、Walumbwa等人（2008）提出的面向，而Henderson與Hoy（1983）、林國楨與謝侑真（2007）、馮丰儀與楊宜婷（2012）則從教育行政角度提出其看法，均具參考價值。茲分別敘述如下：

　　George（2003）訪談了125位成功的領導者，發現真誠領導者的

特質包含瞭解自己的目的、對要做對的事有穩固的價值、與他人建立
關係、自律且依價值行動，以及對他們的任務充滿熱情（陳景蔚與鄭
新嘉譯，2004）：

㈠ 瞭解自己領導的目的

　　領導者必須先深思自己的領導目的，而欲發展自己的領導目的，
首先得瞭解自己、領導熱情與潛在的動能，並找到一個能吻合自己領
導目標的組織。

㈡ 創建穩固的價值

　　欲建立真誠領導的價值觀，需透過個人信念的塑造，再經過學
習、省思、請益及經驗累積。領導人抱持的價值觀是其道德指南，領
導者價值理念堅定，才能知道自己真正的方向，具備判斷是非的洞察
力。反之，缺乏道德指引的領導人將不辨是非。

㈢ 用心領導

　　員工認同工作的意義和價值，其達成績效將成為公司的競爭優
勢。因此領導者要敞開心胸，真正關懷他人，以熱情、激勵技巧與真
誠的關懷對待組織成員與服務對象，進而觸動成員的內心深處，使盡
心盡力完成任務。

㈣ 建立良好的人際關係

　　當領導人值得仰賴時，追隨者才會把自己的希望與夢想託付給
他。領導者若能在組織與生活中建立互信的人際關係，所得回報將深
遠而長久，唯有領導者與成員之間存在信任與承諾，成員才會願意投
入工作，對組織忠誠。

㈤ 展現高度自律

　　自律是真誠領導者必備的特質。真誠的領導者必須藉著自律，將
理念付諸行動，即使有所不足也要勇於承認。而要在競爭環境勝出，

領導人必須保持高度自律，言行一致的領導人，其自律展現在生活與互動中，有助於成員與其相處，且能提升部屬的工作效率。

Walumbwa等人（2008）提出真誠領導的四個層面，包括自我覺察（self-awareness）、關係透明（relational transparency）、平衡的訊息處理（balanced processing）、內化道德觀（internalized moral perspective），茲說明如下（引自秦夢群，2010）：

㈠ 自我覺察

領導者對於影響自我信念與價值觀之哲學意義具本質上的體認，並藉由他人的回饋，對自身的優、缺點進行自我調節。

㈡ 關係透明

領導者透過公開分享資訊，表達個人真正想法、感受及儘量減少不當情緒等表達方式，對他人表現真誠的自我，以增進與成員間的相互信任。

㈢ 平衡的訊息處理

領導者在決策前能客觀分析相關資料，並以公正之態度詮釋訊息，避免偏袒的情事發生。

㈣ 內化道德觀

領導者將自我信念與他人回饋進行調節、整合與內化。自我調節的過程是根據內在的道德標準及價值，而非來自組織與社會壓力，整合過程則力求行為與內在價值觀一致。

Henderson與Hoy（1983）則指出真誠的行為包含三個面向：當責（acconutability）、不操控（non-manipulation）及突出自我凌駕角色（salience of self over role）：

㈠當責

領導者能對錯誤與結果擔負起組織與個人責任，不推卸責任、頂罪或歸咎他人。

㈡不操控

避免剝削部屬或利用上司和同事，視他人為人，而不是被操控以達成目的的工具。

㈢突出自我凌駕角色

領導者打破角色的規限，而非僅僅做到被分配到領導角色之最低要求，表現出與個人自我一致的行為，角色是附屬於自我。反之，若領導者過度順從領導者角色的刻板印象與要求時被視為不真誠的。

　　林國楨與謝侑真（2007）將真誠領導行為構面分為系統性、一致性、創造性、未來性及持續性，初步發展真誠領導行為指標（如表2-1）：1.系統性：創造且支持一個令人信服的個人與組織。2.一致性：身體力行，作為一個學習領導者。3.創造性：建立真誠互動的組織文化與氣氛。4.未來性：發展充分授權與積極服務的學習型組織。5.持續性：形塑組織核心價值與成員個人信念。

表2-1　真誠領導行為構面與行為指標

	領導行為構面	領導行為指標說明
系統性	創造、支持一個令人信服的個人與組織	＊校長能真誠溝通，獲同仁支持並配合學校願景。 ＊校長能清楚學校發展並深具信心，明確陳述學校師生的使命。
一致性	身體力行作為一個學習領導者	＊校長的信念與行動一致。 ＊校長會自我成長以吸取新知，帶動教師專業成長風氣。 ＊校長樹立以身作則的楷模，引領他人行動。
創造性	營造真誠互動的組織文化與氣氛	＊校長能真誠的與同仁溝通，建立創造性對話。 ＊校長會營造開放、和諧的真誠氣氛，讓同仁暢所欲言。
未來性	發展授權與積極服務的學習型組織	＊校長主動發掘人才，並樂於傳承經驗。 ＊校長能適時授權給行政同仁，並給予協助。
持續性	形塑組織核心價值與成員個人信念	＊校長能擔責並承諾學校發展，獲得同仁信任。

資料來源：林國楨與謝侑真（2007）。學校領導新典範：完全領導內涵之初探。**學校行政雙月刊**，**48**，194。

　　另外，馮丰儀與楊宜婷（2012）指出真誠的校長能自我覺察、公平客觀處理問題、自律且言行一致、重視人際關係及展現心理資本。茲說明如下（馮丰儀與楊宜婷，2012）：

㈠ 自我覺察

　　真誠領導者必須對自身的信念、目標、價值和己身的優、缺點有所自覺，能透過不斷地反思，來瞭解自己想要成為怎樣的人，界定領導的目標、價值觀，以瞭解自我的角色及定位，誠實地面對自我盲點以更深入地檢視自我，進行自我調整。

㈡ 公平客觀處理問題

　　真誠領導者能敏於察覺成員的想法與需求，在處理事情時亦會蒐集各方資訊，公開、透明及公平地分析所有資訊，做審慎考量，不因私人情感或利益交換，而有處事不公的情事出現，以贏得成員信任。

㈢ 自律且言行一致

　　真誠領導者具高度的道德自律，時時刻刻觀照自我，自我要求，使外在行為與內在價值觀能表現一致，不為外物所役與外界所惑。

㈣ 重視人際關係

　　真誠領導者重視關係的建立，透過聆聽、分享、同理關懷他人，對他人能表示出最真誠的自我，不畏自曝其短，以建立和組織成員的信賴真誠關係。

㈤ 展現心理資本

　　心理資本是個體表現出來的一種正向心理狀態或心理資源，是具有發展性的（謝傳崇，2011）。真誠領導者對達成願景的使命及策略具有強烈的信心；對於成功有強烈的信念與自信，擁有解決問題的意志力與解決策略的方法；遇到挫折或困難時樂觀面對；在遭遇問題或挑戰時能迅速恢復，積極因應與面對。

　　檢視相關文獻，雖然目前以Walumbwa等人（2008）提出的自我覺察、關係透明度、內化道德觀、平衡訊息處理四個面向在各領域最常被使用，然而正向心理能力是否應納入真誠領導之元素，學者們則仍未有定論（Northouse, 2016）。當前真誠領導的概念係源自正向心理學，Luthans與Avolio（2003）提到真誠有部分是個人心理資本的呈現，如自信、樂觀、希望，心理資本係真誠領導者自我覺察和調整的前提，也是促進真誠領導發展的要素（Avolio & Gardner, 2005; Luthans, Norman, & Hughes, 2006），具較高心理資本的領導者同時也是愈真誠的領導者，而且愈可能正向影響部屬，使具備類似特質（Luthans, Youssef, & Avolio, 2015）。馮丰儀、楊宜婷（2012）持心理資本為真誠領導要素之一的觀點適與Avolio與Gardner（2005）；Luthans、Norman與Hughes（2006）等人的主張相呼應，故本研究將心理資本納入真誠領導面向之一。

　　綜上所述，真誠領導係一多構面的概念，本書以上述五個構面為基礎，就校長真誠領導此一主題加以探究。

第二節　真誠領導的過程

　　領導係由領導者與部屬共同合作，以達成組織目標的歷程。針對真誠領導之歷程，Gardner、Avolio、Luthans、May與Walumbwa（2005）提出以自我為基礎的真誠領導與追隨（followership）發展過程模式（如圖2-1），他們主張領導者的個人歷史與觸發事件等前置因素會影響真誠領導的發展，領導者的個人歷史包含家庭影響、角色楷模、早期生活、教育和工作經驗；觸發事件則是環境中有利個人成長和發展的正向和負向改變，是提升領導者自我覺察的催化劑。真誠領導者藉反省價值、認同、情感、動機與目的而對「我是誰」（Who am I）自我覺察，依其內在自我在內化規範、平衡處理訊息、真誠行為和關係透明化進行自我調節。雖然追隨者的個人歷史和觸發

事件對其會有影響，但當真誠領導者能正向示範自我覺察與調整，使願意效法，亦有助其展現真誠追隨，提升部屬的信任、工作投入與職場幸福感，進而促進永續發展與名符其實的績效表現。另外，包容、倫理、關懷與優勢為本的組織氣候亦有助培養真誠領導者與部屬，而他們也有助於上述組織氣候的發展。

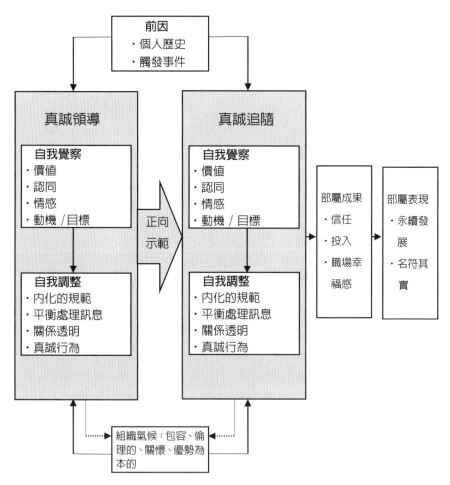

圖2-1　真誠領導者與追隨者發展之概念架構

資料來源："Can you see the real me? A self-based model of authentic leader and follower development," by W. L. Gardner, B. J. Avolio, F. Luthans, D. R. May & F. Walumbwa, 2005, *The Leadership Quarterly, 16*(3), p. 346.

關於領導者如何透過真誠領導影響追隨者，Avolio、Gardner、Walumbwa、Luthans與May（2004）提出真誠領導者對追隨者態度和行為影響架構（如圖2-2），他們認為在領導歷程中，真誠領導者與追隨者的態度和行為是相互關聯，強調追隨者的認同是領導者發揮影響的重要關鍵，真誠領導者透過影響追隨者對領導者信念、價值、目的的個人認同、所屬團體的社會認同，引發其希望、對領導者信任、正向情感、樂觀等心理歷程，進而提升部屬的工作態度（包括承諾、工作滿意度、意義感和投入），最後改變部屬的行為（工作表現、額外付出和減少退縮行為）等。

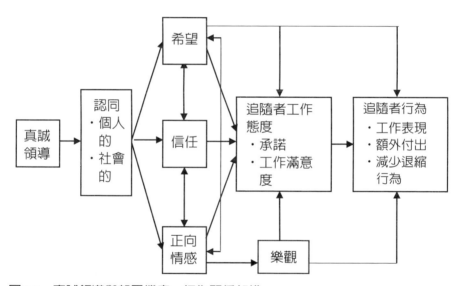

圖2-2　真誠領導與部屬態度、行為關係架構

資料來源："Unlocking the mask: A look at the process by which authentic leader's impact follower attitudes and behaviors," by B. J. Avolio, W. L. Gardner, F. O. Walumbwa, Luthans, F. & D. May, 2004, *Leadership Quarterly, 15*(6), p. 803.

Ilies、Morgeson與Nahrgang（2005）主張當個人能反省自身的價值，並以真誠自我存在，幸福感即產生。真誠領導者除了改善自己的幸福感，對追隨者幸福感亦會產生影響，影響過程包括：真誠領導者

個人正直及自我覺察，加上其致力真誠關係的建立，能獲致追隨者的信任，影響追隨者對領導者的個人認同，提升其組織導向的自我概念。其次，真誠領導者提供有利於正向情緒的氣氛，及以個人正向情緒對他人產生影響；再者，領導者樹立自我表達及真誠行為的正向行為楷模；以及支持追隨者的自我決定有助提升其內在動機、自尊，還有，領導者立基於社會交換原則，與追隨者建立高品質的關係也會對追隨者幸福感具正向影響。此外，領導者與部屬的幸福感亦會互相影響。

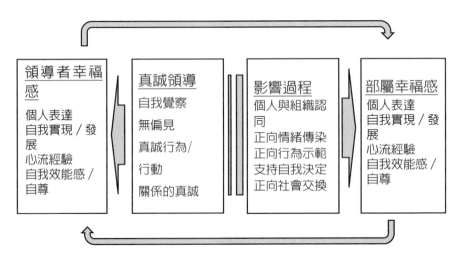

圖2-3 真誠領導對領導者及部屬幸福感之影響

資料來源："Authentic leadership and eudaemonic well-being: Understanding leader-follower outcomes," by R. Ilies, F. P. Morgeson and J. D. Nahrgang, 2005, *Leadership Quarterly, 16*(3), p. 37.

參照上述理論模式，可得到以下幾點啟示：

一、真誠領導受個人因素及組織因素的影響

真誠領導者之自覺與領導實踐受個人過去生活經驗、經歷，以及曾經歷的正負向事件所影響，也與組織脈絡因素，包含組織文化、氣

候、結構、政治（Avolio et al., 2004）有關。

二、真誠領導重視發展真誠追隨者

Gardner等人（2005）主張真誠領導作為一種影響過程，目的在於發展追隨者，促進更多真誠的追隨，他們主張展現在真誠領導者身上的真誠要素同樣也會展現在真誠追隨者上。真誠領導者藉由本身言行，提供部屬仿效的正向楷模，而部屬與領導者的高品質互動關係，即高度的尊重、正向情感和信任，將有助於產生較高的真誠追隨。

三、真誠領導對追隨者之影響係由內至外的歷程

真誠領導係藉由影響個人認同、組織認同，引發個人希望、信任、正向情感、樂觀等正向心理狀態的歷程，影響追隨者工作態度，包括對領導者之信任、工作意義感、承諾、投入、職場幸福感，進而促使其產生有利組織永續發展與名符其實的工作表現。

第三節　國內、外有關真誠領導之研究情況及評析

一、國內研究現況

觀諸國內教育行政學術研究，聚焦真誠領導之相關研究尚屬起步階段，僅有期刊論文3篇、博士論文1篇及碩士論文16篇。期刊論文係探討真誠領導的測量模式以及真誠領導和心理資本、組織承諾、工作滿意、組織公民行為之間的潛在關聯（李新民與朱芷萱，2012）、真誠領導、教師工作敬業及組織承諾（連娟瓏，2012）、真誠領導與教師信任（馮丰儀與楊宜婷，2015）。博士論文的部分，探討焦點為真誠領導、教師心理資本、學校信任與學校效能之關係（林貴芬，2017）。碩士論文的部分，探討焦點分別為真誠領導與教師組織承諾、組織公民行為關係（徐宗盛，2010）；真誠領導的量測與相關後

果變項之研究（余姵歆，2010）；真誠領導、組織公平與集體教師效能感關係（呂靜昀，2010）；真誠領導與教師變革承諾關係，以教師心理資本為中介（連子菁，2011）；真誠領導與教師信任（楊宜婷，2013）；校長真誠領導、教師工作態度及其兼任職務意願相關（葉志華，2013）；真誠領導與學校效能（蔡宜穎，2014）；真誠領導與教師專業成長（陳昭如，2015）；校長真誠領導、教師信任與教師組織公民行為之關係（許育瑋，2015）；真誠領導與學校效能，以學校組織氣氛為中介（楊玲凰，2016）；校長真誠領導與教師幸福感（王銘聖，2016；梁維鈞，2016）；校長真誠領導與教師幸福感，以工作士氣為中介（黃子軒，2015）；及一位教育老將真誠領導的生命故事（彭麗芝，2017）。茲就上述研究探討之校長真誠領導變項現況整理如表2-2。

表2-2　校長真誠領導研究探討變項現況

作者（出版年）	探討變項																
	教師組織承諾	組織公民行為	組織公平	教師效能感	教師變革承諾	教師心理資本	教師工作態度	教師信任	兼任職務意願	學校效能	教師專業成長	學校組織氣氛	教師幸福感	教師工作士氣	學校信任	教師工作滿意	教師工作敬業
王銘聖（2016）													◎				
呂靜昀（2010）			◎	◎													
李新民、朱芷萱（2012）	◎	◎				◎											◎
林貴芬（2017）						◎					◎				◎		
徐宗盛（2010）	◎	◎															
梁維鈞（2016）													◎				

（續上表）

作者（出版年）	探討變項																
	教師組織承諾	組織公民行為	組織公平	教師效能感	教師變革承諾	教師心理資本	教師工作態度	教師信任	兼任職務意願	學校效能	教師專業成長	學校組織氣氛	教師幸福感	教師工作士氣	學校信任	教師工作滿意	教師工作敬業
許育瑋（2016）		◎						◎									
連子菁（2011）					◎	◎											
連娟瓏（2012）	◎																◎
陳昭如（2015）											◎						
馮豐儀、楊宜婷（2015）								◎									
黃子軒（2015）													◎	◎			
楊宜婷（2013）								◎									
楊玲凰（2016）										◎		◎					
葉志華（2013）							◎		◎								
蔡宜穎（2014）										◎							
合計	3	3	1	1	1	3	1	3	1	3	1	1	3	1	1	1	1

　　李新民與朱芷萱（2012）以南部地區國小教師為對象，探討真誠領導的測量模式以及真誠領導和心理資本、組織承諾、工作滿意、組織公民行為之間的潛在關聯。問卷分析結果顯示四構面二階的真誠領導測量模式契合觀察資料，且具有複核效度的穩定性；真誠領導和心理資本、組織承諾、工作滿意與組織公民行為之間具有顯著正向關聯。

連娟瓏（2012）以大專院校專任教師為對象，探討校長真誠領導與教師組織承諾的關聯性，以教師工作敬業為中介變項。結果發現：大專院校校長真誠領導會透過教師工作敬業的中介歷程進而預測教師組織承諾，教師工作敬業對於教師組織承諾有正相關。

林貴芬（2017）以臺灣地區公立國小教師為對象，探討真誠領導、教師心理資本、學校信任與學校效能之關係，結果發現：1.國民小學教師知覺校長真誠領導為中上程度，其中以「內化道德觀」最高，「自我覺察」最低。2.男性、兼任行政、48班以下學校、到校服務2年以下、3年以上男性校長之學校教師，在校長真誠領導上普遍有較高的知覺。3.國小教師知覺校長真誠領導、教師心理資本、學校信任與學校效能四個變項之間，彼此呈現顯著正相關。4.校長真誠領導、教師心理資本、學校信任與學校效能整體結構關係模式，經修正後具有可接受的適配度。校長真誠領導對教師心理資本、學校信任、學校效能具有直接效果；教師心理資本對學校信任具有直接效果；學校信任對學校效能具有直接效果；在間接效果方面，教師心理資本可以透過學校信任，間接影響學校效能，學校信任扮演部分中介的角色。

余姵歆（2010）以高雄市公私立幼兒園及托兒所教師為對象，探究真誠領導的量測與相關後果變項之研究，結果發現：真誠領導為四個構面的構念；真誠領導和組織承諾、工作滿意與組織公民行為之間具有正相關。

呂靜昀（2010）以桃園縣公立國小教師為對象，探討校長真誠領導、組織公平與集體教師效能感之關係，發現：校長真誠領導各層面中以「具自省及自律」最高，「具真誠、能互信與重視人際關係」最低；「教學年資」、「職務」、「學校規模」背景變項對教師之校長真誠領導知覺有影響。

徐宗盛（2010）以非完全中學之北部地區高中職學校教師為對象，探討校長真誠領導與教師組織承諾、組織公民行為之關係，發現

為教師對校長真誠領導之知覺現況中等，以「內化道德觀」最高；男性、41歲以上、兼任主任職務者、與私立學校教師對校長真誠領導知覺較高；真誠領導與組織承諾對組織公民行為具顯著正相關及預測力；及組織承諾在真誠領導與組織公民行為間具有部分中介效果。

連子菁（2011）以雲嘉南高屏縣市國小教師為對象，探討真誠領導、教師心理資本與教師變革承諾之關係，發現教師在知覺校長真誠領導屬中上程度反應，以「內化道德觀」最高，自我覺察最低；另外男性、年長、資深、兼任行政職、小型學校及偏遠地區之教師知覺校長真誠領導表現較高。校長真誠領導、教師心理資本與教師變革承諾具中、低度正相關；教師心理資本各層面對國小校長真誠領導與教師變革承諾之關係具部分中介效果。

楊宜婷（2013）以臺灣地區公立國小教師為對象，探討校長真誠領導與教師信任之關係，發現：國民小學教師知覺校長真誠領導整體現況良好，以「內化道德觀」表現較高。國民小學教師知覺之校長真誠領導、對校長之信任，因年齡、職務、教學年資、行政年資與學校位置的不同而有所差異；而校長真誠領導能正向預測教師信任，其中以「自我覺察」之預測效果最佳。

葉志華（2013）以桃園縣國中教師為對象，探討校長真誠領導、教師工作態度與兼任行政職務意願之關係，結果發現：教師對於校長真誠領導之知覺程度良好。個人背景變項（性別、年資、擔任職務）與學校背景變項（學校規模）不同之教師知覺校長真誠領導有所差異。校長真誠領導與教師工作態度、教師兼任行政職務意願有正相關。

蔡宜穎（2014）以臺中市、彰化縣、南投縣公立國小教師為對象，探討校長真誠領導與學校效能之關係，結果發現：國民小學教師知覺校長真誠領導行為現況良好，在「無偏誤的訊息處理過程」層面得分最高。教師兼主任知覺校長真誠領導高於教師兼任導師。校長實施真誠領導對整體學校效能具有預測力，其中以「領導關係的透明

度」預測力最高。

陳昭如（2015）以臺南市國小教師為對象，探討校長真誠領導與教師專長現況，發現：教師知覺校長真誠領導現況屬中高程度。不同「職務」、「服務年資」、「學校規模」、「校長在校年資」之教師知覺校長真誠領導有顯著差異。教師知覺校長真誠領導與教師專業成長呈現正相關；教師專業成長因校長真誠領導的程度不同而有顯著差異。

許育瑋（2015）以雲嘉南地區公立國中教師為對象，探討校長真誠領導、教師信任與教師組織公民行為之關係，發現：國中教師在校長真誠領導之知覺具有中上程度。國中教師知覺整體校長真誠領導分別在女性、研究所畢業、未婚、班級導師、學校規模25-48班之教師有顯著較低。校長真誠領導之「關係透明度」與教師信任之「對同事信任」對整體教師組織公民行為有顯著預測效果。教師信任在校長真誠領導對教師組織公民行為具部分中介效果，其中僅對同事信任具有中介效果。

楊玲凰（2016）以臺南市國民小學教師為對象，探究校長真誠領導與學校效能之關係，以學校組織氣氛作為中介變數，結果發現：校長真誠領導的四個構面中，自我覺察、內化道德觀與訊息平衡處理對學校效能有正向影響；關係透明度對學校效能沒有影響。自我覺察與訊息平衡處理對學校組織氣氛有正向影響；內化道德觀與關係透明度對學校組織氣氛沒有影響。校長真誠領導對學校組織氣氛、學校效能有正向影響，學校組織氣氛在校長真誠領導對學校效能的關係上，具有中介影響。

王銘聖（2016）以中部地區國小教師為對象，探討真誠領導與教師幸福感之關係。研究發現：國民小學教師知覺校長真誠領導現況呈現高等程度，以「關係透明度」層面得分最高。不同「職務」、「學校規模」、「學校位置」之國民小學教師所知覺校長真誠領導之情形皆有所差異，其中主任在「公平訊息處理」層面所知覺高於教師；12

班以下學校教師在「關係透明度」、「內化道德觀」、「公平訊息處理」、「自我覺察」與「校長真誠領導整體」層面高於25班以上學校教師；13-24班學校教師在「關係透明度」、「自我覺察」與「校長真誠領導整體」層面高於25班以上學校教師。學校位置方面：南投縣學校教師在「關係透明度」、「內化道德觀」、「公平訊息處理」、「自我覺察」與「校長真誠領導整體」層面依序高於位在臺中市與彰化縣之學校教師，而臺中市之學校教師亦高於彰化縣之學校教師。教師知覺校長真誠領導與教師幸福感呈現中度正相關。

梁維鈞（2016）以新竹縣國民小學教師為對象，探究真誠領導與教師幸福感之關係，發現國小教師對校長真誠領導與教師幸福感普遍具有中高度知覺；服務於不同規模學校教師知覺校長真誠領導有顯著差異；校長真誠領導與教師幸福感之間具典型相關，其中以「內化道德觀」層面對教師幸福感最具有顯著的預測力。與王銘聖（2016）部分研究結果類似。

彭麗芝（2017）針對一位臺中市國小資深校長之真誠領導進行深入探討，發現：教育老將的真誠領導實踐包括：1.擁有穩固的教育理念，並時時覺察自我。2.高度自律，具高道德標準，言行一致且潔身自愛。3.擁有良好人際關係，關懷他人，服務他人。4.展現希望、樂觀、韌性的心理資本。5.積極培養真誠部屬。

綜合上述研究，可大致歸納幾點發現：第一、國內研究對象以教師為主，含括高中職教師及國中小教師，幼兒園園長，但以國小教師為多數。第二、多數研究均持真誠領導係多元構面的概念。第三、目前多為立基Walumbwa等人（2008）構面，關注校長真誠領導與教師心理變項（心理資本、教師信任、兼職意願、幸福感）、工作變項（組織承諾、組織公民行為、組織公平、效能感、變革承諾、工作態度、專業成長、工作士氣、工作滿意、工作敬業）及學校變項（學校效能、組織氣氛、學校信任）關係之量化研究，採質性研究者較少，目前僅有一篇生命史研究。第四、歸納研究發現，教師對校長真誠領

導知覺呈中上程度，較多篇發現以內化道德觀此一層面最高；而學校或教師背景變項對校長真誠領導知覺會有影響；另外，校長真誠領導被證實對上述的教師心理變項、工作變項與學校變項有正相關。

二、國外研究現況

國外與真誠領導有關之文獻近年來主要集中在商業及管理領域，相較於商業及管理領域，教育行政領域雖較早有學者聚焦於領導者的真誠（leader authenticity），但主要為論述性質之文章與專書（如Begley, 2001; 2006; Duignan & Bhindi, 1997; Starratt, 2004; Villani, 1999），實徵研究結果仍然有限（Henderson & Brookhart, 1996; Henderson & Hoy, 1983; Hoy & Kupersmith, 1984）。Henderson與Hoy（1983）發展領導真誠量表（leader authenticity scale，簡稱LAS）並加以施測，結果發現：領導者真誠與教師士氣及信任呈正相關，而校長被知覺在乎職位的與領導的真誠呈負相關。Hoy與Kupersmith（1984）探討小學校長真誠和教師的信任關係，顯示校長的真誠與教師對校長、同事和組織的信任呈正相關。Tschannen-Moran與Hoy（1998）探討校長與教師的真誠和其學校成員信任的關係，結果發現校長的真誠對教師對校長及同事的信任會產生影響，而校長的真誠與教師對校長的信任高度相關。

Hoy與Henderson（1983）探討校長真誠、學校氣候及學生控制取向，結果發現校長的真誠與組織氣候的開放及學校人性化管理有顯著相關，而校長的真誠領導行為包括承擔責任，不濫用法職權，促進合作，自律及民主的關係等。Henderson與Brookhart（1996）修訂組織領導者真誠量表（Organizational leader authenticity scale，簡稱OLAS），探討教育領導者與其部屬真誠與組織氣候、健康和領導效能之關係，結果發現領導者與部屬的真誠與組織氣候、健康和領導效能有關，且具預測效果，他們並建構領導者真誠會影響部屬真誠及組織氣候和健康的因果模式。

　　在真誠領導一詞被廣泛採用後，教育行政研究領域實徵研究亦開始採用真誠領導一詞，關注焦點包括：校長真誠領導、教師信任與工作投入關係（Bird, Wang, Watson, & Murray, 2009; 2012; Bird & Wang, 2011）、校長真誠領導實踐（Bhindi et al., 2008）、結構式反省對校長真誠領導實踐之提升效果（Branson, 2007a）、真誠領導、組織公民行為及教師退出教學現場，心理授權的中介效果（Shapira-Lishchinsky & Tsemach, 2014）、真誠領導與教師信任（Fox, Gong, & Atton, 2015）。

　　Bird、Wang、Watson與Murray（2009）探討教師對校長真誠領導知覺與其信任與投入程度之相關，結果發現校長的真誠領導與教師信任和投入呈顯著正相關，但在參與者背景變項上則無顯著差異。

　　Bird與Wang（2011）以917名美國教師為對象進行調查，亦發現校長真誠領導與教師的信任和對學校的投入高度相關，教師對校長的自我覺察、關係透明度、平衡處理和道德正直呈正面反應。

　　Bird、Wang、Watson與Murray（2012）則除了探討校長真誠領導與教師信任、投入與留任意願之相關，亦檢視校長自我的真誠領導知覺與教師對領導知覺之差異情形，以及不同學校和校長背景變項是否對教師的真誠領導知覺與其信任、投入程度有所影響。結果發現：教師信任與工作投入和校長真誠領導呈顯著相關，而在校長與教師對真誠領導看法有差異的學校中，教師自覺真誠領導較校長高者有較高的教師信任與投入，且教師留任意願較高。

　　Martin（2015）探討校長真誠領導與副校長對校長之信任關係，研究發現副校長知覺的校長真誠領導程度與其對校長信任程度呈顯著正相關。

　　Shapira-Lishchinsky與Tsemach（2014）探討心理授權對真誠領導、組織公民行為及教師退出教學現場的中介效果，結果發現教師的真誠領導知覺與其心理授權態度正相關；而心理授權則對真誠領導與教師缺席行為具部分中介效果。

Fox、Gong與Atton（2015）探討K-12校長真誠領導對教師信任校長的影響，結果支持校長真誠領導會影響教師信任，教師個人認同具中介效果。

Feng（2016）探討校長真誠領導與教師心理資本的關係，發現國中小校長真誠領導與教師心理資本顯著相關，支持真誠領導能提升組織成員心理資本此一理論觀點。

Kulophas、Hallinger、Ruengtrakul與Wongwanich（2018）探究真誠領導對泰國小學教師學術樂觀、教師投入的影響，結果證實真誠領導對教師學術樂觀與工作投入具影響力。

至於質性研究方面，則有Bhindi等人（2008）透過個案研究探討紐、澳教師對校長真誠的評估與領導者的真誠發展知覺，藉由跨國資料之比較以瞭解校長之真誠是否有文化差異。Branson（2007a）以澳洲小學校長為對象，探討結構性自我反省對其真誠領導實踐發展的效果。結果指出結構式導向的自我反省有助於校長真誠領導實踐的發展，包括使校長釐清其個人價值，理解其價值對其教育領導行為的影響，知曉他們某些價值如何對不受歡迎領導行為的產生具有影響，進而能抑制產生不佳領導行為的價值之影響，以提升個人領導對其部屬的正面效果。

綜上所述，國外校長真誠領導相關研究關注的焦點除了變項關聯性的探究，亦逐漸朝向採用質性研究方法對校長真誠領導實踐，以及反省對校長真誠領導之影響效果進行研究。而多數研究之研究對象為教師，在探究的變項部分，包括組織變項（組織氣候、組織健康）與教師變項（信任、投入、留任意願、心理資本、學術樂觀、組織公民行為），另亦加入校長或教師背景變項之探討。

三、綜合評析

檢視上述相關研究成果，可以得知真誠領導的研究尚可就以下幾個面向著手，此亦為本書努力之方向，茲說明之：

㈠ 擴充校長真誠領導研究廣度及深度

　　國內目前有關校長真誠領導之研究屬起步階段，期刊論文及博士論文數量有限，且主要聚焦在校長真誠領導對教師工作態度與行為的影響，研究廣度可再擴充。本書聚焦校長真誠領導實施之影響因素、領導之實際、領導之影響及真誠領導發展四大面向，對校長真誠領導有較深入完整的探討，有助擴充以往研究之廣度及深度。

㈡ 採用質性研究深入探索校長真誠領導實踐經驗

　　檢視相關文獻，現有之國內、外實徵研究多採變項關聯之實徵分析，然而國內校長真誠領導之研究仍屬探索性的階段，採用多樣的方法針對本土脈絡下之校長真誠領導進行探究，蒐集較深入的資料，彌補量化研究之不足。故本書採焦點團體訪談及個案研究，以對特定脈絡下校長真誠領導的實踐經驗，及其對教師個人與組織可能之影響有所瞭解。

㈢ 扎根本土發展真誠領導測量工具並蒐集實徵資料驗證理論模式

　　目前有關真誠領導之相關文獻與測量工具主要係立基於西方文化脈絡，考量國情與文化脈絡之差異，本書將以質性研究方法蒐集國內中小學校長真誠領導實踐經驗，及教師對「真誠領導者圖像」之看法等資料，立基其上建構真誠領導理論模式與發展真誠領導測量工具，之後進行全國性問卷調查，蒐集實徵資料進行理論驗證。

㈣ 蒐集校長與教師對真誠領導實踐知覺及影響因素進行對照比較

　　過去實徵研究結果較重視教師對校長真誠領導之知覺，較少納入校長的觀點，而在探究學校領導的影響因素也往往較從校長觀點切入，本書蒐集教師與校長知覺的校長真誠領導實踐情形及影響因素，進行對照比較，釐清落差所在，並藉由雙方觀點並陳，得以對影響校長真誠領導實踐因素有較完整且客觀理解，提供校長實施真誠領導及教育行政主管機關之參考。

㈤**檢視反省實踐對校長真誠領導實踐的影響效果**

　　學校領導者之培育與專業發展一直是國內、外重視的焦點，反省實踐方法應用在學校領導者之培育與專業發展也長久被提倡，但是相關研究數量仍不多。本書採行動研究法，探討反省實踐導向教學於學校領導者真誠領導發展之應用與影響。

第三章

中小學校長眞誠領導圖像

第一節　前言

校長領導對於學校人員、過程與結果具影響力（林明地，2000a）。真誠領導係對社會情境充滿希望、開放、有遠見及創造性回應的領導（Begley, 2001）。Gardner、Cogliser、Davis與Dickens（2011）歸納整理各學術領域有關真誠領導的實徵研究結果，發現真誠領導被證實與對領導者的認同、信任、部屬個人認同、工作滿意度、組織承諾、工作投入、工作表現、幸福感有正相關。依此可推知：校長真誠領導的實施有助營造與學校教師的真誠互動關係，對其工作態度與表現產生影響。此外，真誠領導是正向領導的基礎（Avolio & Gardner, 2005），值此校園環境日趨複雜，領導者的挑戰愈發沉重，傳統的領導模式不足以因應多變的學校環境，也難以提升學校成效（謝傳崇，2014）。真誠領導因而受到學者們（Begley, 2006; Starratt, 2004）提倡。

有些實徵研究結果顯示東方和西方的領導實踐有類似之處，但是有些領導實踐本質上卻有著獨特的社會文化特色（Jawas, 2017）。領導係被領導者對可能影響他們的領導者特質和行為的知覺（Fields, 2013），Ellen、Douglas、Ferris與Perrewé（2013）指出領導者的行為被賦予的意涵視知覺者的歸因與意圖而定，被領導者透過他們對領導者意圖的知覺來理解領導者的行為，「真誠」是社會建構的概念，如何真誠則受個人文化認同的影響（Julien, Wright, & McPhee, 2013）。林明地（2004）指出學校領導研究與實際必須重視研究的情境、人員、行為及其互動情形之描述，以使領導行為「意義化」。因此，探究校長真誠領導實踐時必須瞭解實務現場的觀點，本章旨在探究教師認知的校長真誠領導實踐圖像，以獲致校長真誠領導的重要內涵，期對真誠領導研究剛屬起步階段的教育行政領域有所貢獻。

第二節 研究設計與實施

一、研究對象

為瞭解教師對真誠領導者圖像之觀點，本章進行三場焦點團體訪談，共計24人。訪談對象之選取採取目的取樣，參與者的多元性是考慮的重點，受訪對象包含高中、職、國中、小主任、組長、教師及教師會成員的參與。

二、訪談題綱

焦點團體訪談主要以校長真誠領導實踐與形象為主軸，請研究對象描述個人對校長真誠領導的認知，就個人所認識的真誠與不真誠的領導者之領導特質、作為，及對個人和學校之影響加以闡述，並舉事例說明。

三、資料處理與分析

訪談資料編碼以代碼標示，如（1A）表示第一場焦點團體座談A教師的發言內容。訪談資料係採內容分析法進行分析，將訪談錄音檔譯為逐字稿後先進行開放編碼，將有意義的文句予以概念化，並加以分類，形成範疇，再進行主軸編碼，將範疇加以連結，形成上位範疇，再分別予以命名。

第三節 研究結果與討論

歸納整理焦點團體訪談所得資料，逐一就校長真誠領導實踐、不真誠領導實踐及校長真誠領導實踐之影響說明如下：

一、校長真誠領導實踐

㈠自我覺察

　　在自我覺察此一構面，受訪者提到真誠領導的校長辦學目的及價值信念很明確，符合教育本質，富教育熱忱及具教育堅持，把教育當作志業（1E）。如：

　　對教育非常有熱誠，而且一定要很積極。（1C）

　　校長就像嚮導帶著去爬山，那我們需要很明確的辦學目的和價值。（2E）

　　校長要指出學校的核心價值。（3B）

　　必須要有一個明確的一個理念，讓我們可以感受到說他對於這間學校，他教育的核心理念、概念是什麼，讓我們可以去遵從。（3C）

　　他要知道說我來這個學校，學生家長對我們這一個學校有什麼期待，那我要把這一個學校帶領到什麼樣的一個位置。（2F）

　　真誠領導不僅是個人信念的澄清與堅持，也沒有明確的終點，而是介於個人對所處教育脈絡意義之理解，以及在此脈絡下怎樣做會對學生學習最有利的持續互動（Walker & Shuangye, 2007）。對此，受訪者也指出，真誠領導的校長本身也要先對所處的學校環境脈絡有所自覺，在採取行政作為上要有彈性，如：

他要能夠瞭解學校，拋棄原來的包袱，他的辦學理念應該要有好幾套操作方式，也許說在一個文化保守的地方，必須是站在前面搖旗吶喊的那個，他要能夠去細微的觀察整個行政團隊有沒有這樣的動力，或者老師的文化是什麼，他自己能夠融入，而不是說要靠旁邊的人一直提醒他，那旁邊的人也會很累，再來說他能夠去做對的決策，而不是想到什麼，比方想到哪個學校有個很好的制度在推行，他就把那制度拿過來做，他自己本身的態度上應該要有一個彈性，而不是認為是怎樣就是怎樣。（3I）

其次，受訪者提到真誠領導的校長瞭解自身的優、缺點，願意承認自己的錯誤與能力不足之處，能反省自身言行，聆聽他人建言（2B、3H）並改進（2E）。如：

可以承認自己的弱點，示弱也是一種真誠，示弱是一個高藝術的真誠，校長真的是覺得他不行了，他期待同仁可以幫忙解圍，但是我覺得太多校長是不會示弱的。（2C）

不吝於說把他的所謂的短處啊，就是說他自己也有很多缺點，所以他希望透過一些會議集思廣益，請大家踴躍發言。（2E）

要有自覺，……能傾聽和有雅量接受不一樣的聲音。（3B）

他是願意跟我們講，我們任何人講的意見他就是都願意去聽。（2B）

校長他傾聽意見，接受這個意見之後，他應該要有執行力去
把它實現。（2C）

此外，受訪者（3A、3D、3H）也提到校長的辦學理念應以學生
為中心，以學校為主要考量，且其核心價值會反映在其言行與作為
上，並傳達給老師。如：

校長應該是著重於學校裡面的教育與學生為中心，他自己一
定也是，不見得他一定要非常的會教學，可是他至少他的這
個教育、教學理念，跟老師是相近相通的。（3A）

我覺得一個校長，不管他是多麼想有作為，但是一定要有
一個核心的價值，那就是學生，核心價值是學生學習。
（3G）

辦學理念和行為要一致。（3H）

校長能以學校為主，學校的各項業務，重視教學、重視學
生，甚至於各項活動他都能夠積極參加。（1F）

因此，真誠領導的校長自我覺察包括對自己、專業信念與價值，
及現實環境的覺知。前者係瞭解自身的優、缺點，願意承認自己與錯
誤與能力不足之處，能反省自身言行，及聆聽他人建言並改進。次者
為辦學目的及價值信念明確，以學生為中心，以學校為主要考量，符
合教育本質，富教育熱忱及具教育堅持，這些亦會反映在其言行之
上；後者為對所處的學校環境脈絡，據以採行的行動能有所自覺。

㈡道德自律

在道德自律此一構面，受訪者紛紛提到真誠領導者的道德形象與作為。包括：校長能自律（2E、3E）、情緒穩定（3B）、以身作則（2C、2D、2F、3A）、言行一致（1A、1G、3E）敬業負責（2D、3C、3D）、行使參照權、專家權（2D）、不居功、，並以高道德標準要求自己，如：

> 校長對於學校的一個願景會跟大家在校務會議上說明，說明之後他也會儘量的朝這個方向去做！說到做到！（1F）

> 他會把榮耀歸功於行政團隊。（3D）

> 重視個人的品格、律己甚嚴……有很明確的價值觀，符合教育，而且是真的能執行！就是能抵抗來自長官、家長、各方面不同的壓力。（1D）

> 重視承諾，不輕易隨便答應，但是答應了就一定要做到，也不會隨便改變。（3H）

Henderson與Hoy（1983）提到真誠的行為包含當責。受訪者亦提到真誠領導的校長擇善固執，不推卸責任，作為學校成員的有力後盾，展現道德勇氣，願意承擔（1A、2C、2E、2G、3C、3B、3D），成員視其「有肩膀」（1E）。如：

> 一直在教育界裡面堅守他的信念言行。（1B）

> 他是有肩膀的，是有定見的，他可以聽別人說但是要非常堅定，不要把事情留給大家吵。（3E）

關鍵時刻是讓大家關注校長真不真誠的一個很重要的時刻，關鍵時刻是剛好遇到這個事情的時候，校長一肩扛起來，然後有什麼樣的問題私底下再去作了解，在外面的場合有什麼，他會概括承受，那私底下再去做了解，協助同仁去處理問題。（2D）

因此，真誠領導的校長敬業負責、言行一致，以身作則，以高道德標準要求自己，情緒管理良好，做事亦積極投入，展現道德勇氣，敢做敢當，擇善固執，堅持做對的事，不推卸責任，作為學校成員的有力後盾。

㈢ 公平透明處事

在公平透明處事此一構面，受訪者提到希望校長做決策時能公平、公開透明學校重要訊息及處事過程，並傾聽大家的意見。如：

校長要公平對待每一個成員。（2C）

賞罰分明，我覺得真誠領導者不要說好像跟你的團隊都只講好的一面，要讓其他人知道說我做對了應該要賞，但是如果做錯的話，你自己的責任，你自己該自我懲處的部分一定要做。（2E）

校長有很積極在處理事情，那可能有一些過程沒有透明化，沒有讓當事人很清楚，結果就造成誤解。（1G）

他是願意跟我們講，我們任何人講的意見他就都願意去聽。（2B）

像老師，對於一些資訊的取得，他們也是有sense的，坦誠布公會讓他們覺得說真的有在替他們做事……就是儘量讓訊息比較公開化、透明化。（2D）

因此，真誠領導的校長處事能秉持公平、公正的態度，理解與傾聽各方的意見，並將相關訊息及處理過程儘量透明公開，努力做出公平適切的決定。

㈣ 真誠人際

在真誠人際此一構面，受訪者提到校長要有親和力（3B、3H、3I），透過肯定、關懷部屬（1A、1B、2A、2C、2D、2E、3G）、授權（1C、2C）、獲得教師信任（2C、2F），與學校利害關係人建立真誠人際關係，如：

要有慈善家的關懷，關懷學生、關懷老師、關懷同仁。（3G）

不管你喜不喜歡你的同仁，其實你要真誠對待每一個人，坦誠跟他講一些原因，實際上他才會化阻力為助力。（2C）

對人的真誠方面，第一個要先讓人家感受到有一個關懷、利他的環境，先建立起一個互信的機制。（2D）

真正把每位同仁當人才在用，那當人才在用的話就是說他會充分的瞭解你的能力，把你用在最適當的地方。（2F）

權力的開放，就是他願意把他的權力跟老師也好，跟所有人做分享，而不是說他只是一個獨慣獨行，就是說：「我想要

什麼，就完全按照我的意志下去做。」（3C）

其次，受訪者提到提到校長溝通（2E、1A、1D、1C、2C、2D、3H）的重要性，如：

他願意打開門，讓老師也好，家長也好，主任組長也好，都進入到他的個人的一個校長室這個空間，開放這個空間，讓你來聊天也好，讓你來喝茶也好，讓你來吐吐口水也好。（3C）

溝通方面，我自己的經驗下來，我還是比較偏好校長願意多走動，多理解，可以願意減少自己跟被領導者之間認知差異的！（1D）

領導者要很明確地把想要推動的教育的工作，價值目的、合理性，還有執行層面，要花很多時間跟持續性的跟大家做溝通。（2G）

再者，真誠領導的校長能同理教師、學生和相關人員的需求與想法（2B、2F、3G），協助解決問題（3B）。如受訪者提到：

為老師設想，能夠體諒行政人員的作為，會嘗試要解決學校的困境或是老師的問題，而不是一味的推卸責任。（3B）

同理心，從小處去關心，……真心為老師想。（3H）

打破那個階層，能夠更貼近老師的心。（3I）

真誠校長他用你的時候他會完全的信任你，而且你有困難的時候，或者是說有責任要承擔的時候，校長會站出來挺你。（2F）

校長有沒有辦法感同身受，一個讓我比較心悅誠服的校長他會起來幫行政講話；他可以站在老師這一邊，然後替老師去著想，站在學生的立場，去想說班級可能發生的狀況。（3A）

另外，受訪者也提到校長能向相關人員真誠表達個人對事情的真正想法，說明自己的困難點，如：

溝通是雙向的，就算是做不到，也會解釋說是什麼原因做不到，在這上面有什麼樣的困難。（2D）

他要肯定教師的付出，⋯⋯不是去告訴你做錯什麼，讓老師覺得在找他的麻煩，老師後來就會很甘願去做這些事情。（3D）

他在講的過程就是，他會讓行政覺得說他知道行政的難處，但他也沒有全然照著老師意思跑這樣，但是有的時候也會反過來，他會站在老師的觀點去講說，行政可能要稍微考量一下老師他為什麼要這樣子，所以我覺得校長做最好的一點，像兩個人在拉繩子，他必須在那個拉扯之間能夠贏得老師的尊重，校長在作決斷不是在偏袒行政或偏袒教師端。（3D）

對外部的教育夥伴也很真誠。（2E）

　　因此，真誠領導的校長透過肯定、關懷、溝通，與學校利害關係人建立真誠人際關係，瞭解教師、學生和相關人員的需求與想法，協助解決問題，形塑學校的共同目的；亦能向相關人員真誠表達個人對事情的真正想法，說明自己的困難點。

(五) 心理資本

　　整理訪談結果，在心理資本此一構面，受訪者提到校長能對帶領教師達成學校願景有信心，並引發教師的企圖心，正向看待遭遇的人、事、物，具堅強的實踐力（2F、2G），克服逆境等。如受訪者提到：

> 校長在帶領學校的方面，在如果說有願景有方向的時候，應該是要讓所有的同事同仁能夠一起有那個感覺，能夠帶的起來，先激起大家的那個鬥志跟那個欲望。（2D）

> 行政團隊裡頭，有人是有動能的，……校長要能搭著肩膀大家一起走。（3I）

> 不管是什麼樣的老師還是什麼，都要把他想成是正向的，這樣來講是可以很自然的去引導他，讓他去接受你。（2D）

> 最好是要有正向的人格特質，很坦白、很開朗、有親和力。（3B）

> 會一直很鼓勵你，很支持你，出自內心的，你覺得這個校長很信任我，就愈做愈起勁。（2C）

> 校長要有肩膀去迎擊，正面積極作為，他也會引導老師儘量去改觀說看事情要怎麼正面看待，他會去消弭學校裡那些負

面的東西，帶著老師去看正面的部分。（3D）

校長他傾聽意見，接受意見之後，他應該要有執行力去把它
實現，執行過程出了事，願意承擔。（2C）

因此，真誠領導的校長對帶領教師達成學校願景具信心，對達成目標抱持堅強的實踐力，正向樂觀看待遭遇的人、事、物，克服逆境。

依據上述研究發現，校長真誠領導實踐包含自我覺察、道德自律、公平透明處事、真誠人際及心理資本。上述前四個面向的內涵也部分反映出Walumbwa等人（2008）的觀點，以自我覺察和真誠人際較為類似，但在道德自律上，國內教師們除了強調領導者行為與內在價值觀的一致，對校長的責任承擔亦頗為重視，呼應Henderson與Hoy（1983）的觀點，另外，教師們還期待校長能為教師的後盾，似乎也反映出華人價值中對被視為家長的組織領導者須關懷與照顧部屬的強調；在公平透明處事上，教師們除了希望領導者決策時能公平、公正，還主張校長能把與學校、教師有關訊息透明公開。另外，心理資本的內涵則呼應與Luthans與Avolio（2003）、Avolio與Gardner（2005）的觀點，此亦顯示真誠領導宜納入心理資本。

二、不真誠的領導實踐

㈠缺乏自覺

George與Sims指出領導者因為追求名聲和榮耀而迷途（楊美齡譯，2008）。整理訪談結果，不真誠的校長沒有明確的目標，較重視個人名利，呼應Henderson與Hoy（1983）發現在乎職位的校長不具領導真誠。受訪者提到：

如果領導者本身的理念是不斷地在變的，沒有很明確的方向

的時候，那會影響到他底下所領導的這一群人，還有如果他的領導模式讓底下所領導的這一群人覺得，其實校長的動機不是真的爲了學生好，而只是一種感覺名跟利這種一個取向，那大家對他的領導會產生懷疑，沒有辦法齊心協力，一起去完成工作。（2E）

老師心理很清楚校長重視的不是教學，他只是重視成績，讓老師有一種你只是要看我表現得能不能讓你個人有很好的成就或名譽，當老師認爲一個領導者他只在乎他自己，而不是全體的時候，那就會影響他領導大家的那個效果。（1D）

他可能會比較在乎自己的名聲，以他自己爲中心，不真誠的校長，他的權力慾望通常特別的重，他想要做他自己想要做的事情，不見得是跟教育有關的事情，他會去迎合一些家長，或者是社區，或者是他自己想要做的，不管是什麼樣的事情，這些校長通常用的手法，就是他不溝通，能不開會就儘量不開會，實際上，他就是不想要討論，不開會。（3A）

　　還有受訪者（2B、2C、2D）提到不真誠的領導者重視公關甚於辦學品質，以民意凌駕專業考量。如：

有人會迷失在公關高於校內的辦學品質，他的公關要做得很好，會辦很多或者常常就搞外面的東西搞得一大堆，裡面就真的是疏忽掉了。還有現在民意高漲嘛，這個民意到底他的專業性怎麼樣，他迷失了，不是只有民意就是意見，而是要有專業的一個判斷，有人會迷失，完全就是民意至上。（2C）

外在的公關、外在的壓力，他比較在意的是這些，他並沒有照顧到我們第一線老師的需求、以及孩子……該怎麼做，就是校內的一些事情。（2B）

其次，受訪者亦提到不真誠的領導者會偽裝，以遮掩個人的缺點或能力不足，如：

有的校長他是在偽裝他職位的能力，校長的領導，有一些人會虛張他的權勢，其實她有一些專業上或者領導上的無力，可是他也不知道怎麼去改，只好用他的比較虛張的一個方式來實施校長職權，比較失敗的案例有很多是說實做無，他口頭講的就非常的相當完美的境界，但實際上能做的事大概都不到一半，很多是在偽裝自己的能力。（2C）

另外，受訪者亦提到不真誠的領導者未能知覺所處情境脈絡改變，教師意識抬頭，仍以過去的思考模式面對，如：

校長不能接受說，為什麼現在的老師，現在的年輕人是這個樣子，在他們的眼中是沒有校長的，因為我常常聽到的聲音是，校長也只是我們的同事而已，我尊重他只是尊重校長兩個字而已，有什麼了不起的。（2I）

受訪者（2E）提到：

被小團體把持住的時候，校長看的面向就會比較偏頗，大部分的小團體會儘量的奉承，儘量把自己付出的地方講得比較誇張一點，會要求到比較多的資源，反而是有時真的默默在做事的人不會進入到這小團體，因為一定會被自然排擠，這

些人就慢慢地被校長忽略掉，但校長是不自覺的。（2E）

校長要有自覺，他自己沒有那個自覺，其實要幫一個人恐怕也很難啦！（3B）

由此可知，不真誠的校長沒有明確的教育理念和目標，重視個人名利及公共關係，掩飾個人的缺點，無法覺察所處情境脈絡之改變，習以慣性思考應對。

㈡ 言行不一、不願承擔責任

整理訪談結果，受訪者（1A、2A、2D、2F）提到不真誠的校長言行不一致，如：

校長比較用口號來告訴老師，如果有事情真的要處理的時候，校長是會等到老師、行政處理了，然後他再跳出來，但是他在出來的時候，他不見得會去處理這個事情。（2A）

自己一直喊著衝，但是做得跟那個說的不一樣，就會讓人家覺得大打折扣。（2D）

不真誠的校長，他要你做，你做不好，又跟你碎碎念，說做不好如果說被處罰是應該的，怎麼樣，或者在學校講的是一種話，可是在外面講的又不一樣。（2F）

校長說他非常重視教學，但是老師們私底下在談的時候都可以瞭解到他幾乎很少巡堂或者課室觀課，當然他說的馬上被老師識破了，言行不一致的後果，老師馬上也就學會了敷衍上面，反正校長講一套就跟著做一套，……學校風氣和

氣氛馬上就不一樣，而且老師的向心力就整個會離散掉！
（1A）

不真誠的領導人不願面對失敗，為失敗找藉口與替罪羔羊（楊美齡譯，2008）。受訪者（2D、2F、3B、3C、3E）提到不真誠的領導者遇到事情不僅無法予以部屬支持，並將錯歸諸他人，推卸責任。如：

發生事情時沒有給予成員支持，還要成員去道歉，好像沒有自己的事。（3C）

只要是出現問題的時候，就是開始是誰是誰，都不是校長的問題，學校的整個氛圍非常的不好，因爲每一個老師、主任、行政人員，開始擔心被責罵，所以大家反正多做多錯，少做少錯，因爲校長不會把他的責任往他身上推。（2D）

他比較善變，可能今天對你講的是這樣，對你要求的是這樣，過幾天之後，你去問他的時候又跟你否認說沒有講過，沒有這回事啊！結果如果是好的，他就說：對，我以前就是這樣跟你講，你這樣做就對，如果是不好的去跟校長講的，他就說：我沒有講過這樣子做，這樣讓我們底下的人感覺說這種不眞誠的校長，在他的手下做事，自己會築起防衛的城牆。（2F）

校長坐我旁邊說：「等一下你宣布這件事情。」我非常shock，領導人是校長，不是我，但是我被推上火線了，那次我就覺得校長是主任陣亡了換一個人上就好了。（3E）

我跟校長報告這件事，校長跟我講一句話說：「做的水」
（臺語），我聽到後我知道他的意思了，他一樣就是不講
完，不想管這件事情，變成說有時候你在一件事情上，後面
沒有一個肩膀給你依靠。（3B）

由此可知，不真誠的校長言行不一致，無法以身作則，遇事無法
承擔責任，並將錯誤歸諸他人，更遑論作為部屬的後盾。

㈢ 缺乏真誠人際

整理訪談結果，受訪者（2D、3C、3D、3I）提到不真誠的校長
讓學校老師感受不到其關心，為了達到目的，把別人當成工具。如：

有的校長對於說學校的一些同仁啊，還是一些活動啊，比較
漠不關心。（2D）

校長真誠領導應該要讓整個學校的每一個人都有感覺，但這
個校長竟然可以讓老師都沒有感覺，居然只有行政有感覺，
我覺得校長真的是住在高樓的人，讓底下的人沒有感覺。
（3D）

有些校長的話是說把人當奴才在用，反正這一個東西有人做
就好了，他不管你是不是適任。（2F）

校長時常要求說：「為什麼這個沒得獎？為什麼那個沒得
獎？你們老師到底有沒有用心？」他會講那個，晨會他就講
了，後來你就會發現說私底下老師就會講：「我為什麼要
幫他得獎？」校長來兩年了，學校教師的名字還會叫錯。
（3C）

有校長曾拜託你去做，可是隔一週又直接當面講說這個出了事情，那你要自己扛，要自己去負責，你這部分會有什麼樣的後果，就是會用一些其他的手段或者是技巧來達到他的目的；他在需要人幫忙的時候，要借用人家的時候，說這樣子，當真正遇到事情的時候，卻用另外一個方式，而且又不是一次兩次，就會讓人家真正的感受到他只是為了解決他的狀況，處理掉他的事情，他只是想要把馬上發生的事情給處理掉，但不是說真正的是關懷你或者是關心你立場的出發點。（2D）

而且不真誠的校長為了要老師聽命行事，多訴諸法職權。如：

在我小孩生產的第一天，他就暗示我要來上班，我那時候感覺非常非常不好，我就覺得你就把我當成是你的工具，……雖然是臣服在你的法職權之下，但是我對你的人格參照權，還有你的專業，有一個很大的問號存在。（3B）

校長認為他的法職權很強，他把法職權，法理情，把法職權放在最高，也就是說他處理事情時未告知教師當事人，連同事都不敢真誠去面對，把這件事當成法職權的簡單事，實際上造成後續的整個校內很大的糾紛。（2C）

另外，不真誠的領導人拒絕誠實的批評，身邊圍繞著只說他們愛聽的話的支持者（楊美齡譯，2008）。受訪者（2C、2D、2E、2F、3A）提到不真誠的校長與小團體交心，忽略了小團體以外的人，而有些校長為鞏固地位則經營小團體，如：

有的校長，他倚重他所相信的這個小圈圈，只有聽這小圈圈

的建議，但是對其他周邊的人則是顯得比較冷漠，甚至有時候有些比較核心幕僚建議，可能就是只有報告完事情之後，他就也不會再多關心你一些什麼事情。（2D）

事情處理的不公平，對待同仁不公平，校長跟同事的相處，只能去跟一些小團體交心而已，這種不公平就是小團體這種東西，她對待他的小團體無話不說，但是對於這個非小團體以外的完全不深交。（2C）

校長他平常來到學校就是窩在校長室，他旁邊總是會有一群人，他就是很奇怪，也都會聽那一群人的話，那他不走出去，當然那一群人一定有他們的立場，有他們的需求，所以他給校長的訊息一定不會是中立，是偏頗的。（2E）

那如果說學校有不同的聲音，不同的意見，他不想採納的時候呢，他就會想辦法製造對立，去樹立另外一群人，叫作保皇黨，鞏固自己的權力地位，製造出另外一大群人也是站在我這邊的，學校就會產生對立，校園的氣氛就會很不好。（3A）

由此可知，不真誠的校長關心自己，不關心學校教師，視其為達成目的工具，多行使法職權，只顧經營小團體。

綜上所述，受訪者提到的不真誠校長領導特質與行為包括缺乏自覺、言行不一，不願承擔責任與缺乏真誠人際關係。George與Sims在《領導的真誠修練》書中提到：領導者不一定是壞的領導者，但是可能迷失在與現實脫節（拒絕聽真話）、害怕失敗（找替罪羔羊）、求好心切（貪戀成功），成為不真誠的領導者，包括內心的孤獨騙徒、找藉口者、追逐名利者、獨行俠（楊美齡譯，2008）。Gardner等人

（2011）亦指出，不真誠的領導者通被視為推卸責任，將個人錯誤歸諸他人和環境，操控及利用部屬，以及扮演官僚。上述之研究發現適與上述觀點相呼應。

三、校長真誠領導實踐之影響

整理訪談資料，教師們提到校長真誠領導實踐對他們具正面影響，茲分述如下：

㈠ 教師與校長間社會距離縮小

受訪者提到以往學校的科層體制，下情上達常需層層通報，但是真誠領導的校長溝通管道是暢通的，而且較具親和力，所以教師會直接跟校長反應事情，顯示與校長社會距離的縮短，亦代表某種程度的對校長信任。如：

> 我們的制度慢慢在建立，這制度是來自於每一個老師的意見，……我們是隨時可以進校長室可以講。（2B）

> 老師已經習慣作什麼事情，平常都是跟主任講，後來校長讓我感覺很驚訝，老師怎麼直接會進校長室，老師們有話可以直接去跟校長講。（3D）

㈡ 形塑老師為共同目標而努力，凝聚學校向心力

受訪者提到真誠領導的校長給予學校教師共同目標，學校教師為校努力的意願因而提升，產生正向的學校氛圍。如：

> 我們每一個老師的方向都是一樣的，校長就是帶著我們，他是一個蠻幽默的長輩，一個學長，他很容易跟我們打成一片，但是平時做事情的時候，他又算嚴格，我這幾年其實我

覺得我比過去成長更多，那他帶著所有的教師精進，這一個部分他是真的是有帶到我們，就是大家就一起動，大家都願意去衝，我們明白他要做的是我們大家一起要去做的事情，所以他等於是有帶到我們的心啦，……整個學校氛圍算是良性的。（2B）

他就是不斷的推老師往前這樣子！大家看他這樣也會慢慢就是去做，組織氛圍也慢慢改變。（1F）

如果來這個學校有這個目標說要把這個學校帶到哪裡，我相信校長做的話，雖然不會有全部的老師會跟你做，但是也有五六成或七八成會跟著你做，那學校也不至於說會那麼差，所以我想說這個是對個人跟學校的一個影響。（2F）

　　還有受訪者亦提到校長本身不求名利，認真工作，也會影響到學校教師勇於提出對學校好的建議，學校向心力會有所提升。如：

我們這位校長他本身不會去講求說名跟利，……整個學校感覺起來好像大家有話，有好的建議就會很勇於發言，說很明確的知道說我們做了這樣一個工作之後學校會如何，所以大家的向心力就會很夠。（2G）

另外，校長遇事承擔亦會影響學校成員的向心力，如：

校長願意在執行過程出了事，願意承擔，這樣向心力會更強。（2C）

㈢ 領導認同

受訪者指出，真誠領導的辦學理念、待人處事及工作態度，能引發教師的認同，起而效仿。如：

校長的辦學理念，做人的方法，他要親自去教導，最後老師就會對校長的領導認同。（2C）

大家覺得說，既然校長蠻熱心工作，我們這些主任也會有這樣的一個心態去對待我們的組長我們自己的處室裡面的同仁。（2G）

㈣ 工作投入與承諾

受訪者提到校長對教師的關懷、尊重與肯定及言行一致，影響學校成員的工作投入。如：

主任愈做愈起勁，因為校長的真誠對待，他的尊重、關懷，講起來就是為他賣命。（2C）

能夠善用下面的幹部，使臣以禮，臣事君以忠，如果校長能把這個掌握得很好的時候，要帶動這群老師是非常簡單的，人家幫你做到死也甘願。……就是用一個愛的角色出發，關懷老師。（1B）

真誠的領導者，在言行一致的情況下，老師會……很想要去投入，我們的老師和行政人員覺得這個校長是一個很關懷部屬的校長，老師會覺得說……我的表現是人家看得到的！所以他們會很努力的在投注在教學工作上！（1A）

我碰過大部分的校長，只要學生得獎，他就會說要做海報啦、要做相關的不管是網站或是什麼，就是要把這訊息迅速的作為學校行銷的一種手段，可是有校長說，學生的家長應該要去感謝老師，因為如果你的孩子到這個學校，儘管他有再多的才能，當老師沒有給他訓練沒有給他什麼的時候，這個學生是不會跳出來的，所以他在很多公開的場合的時候，一直會講說就是謝謝各位老師的付出，他去肯定老師，去謝謝老師，讓老師覺得自己是一個很被寶貝的東西，所以，講具體一點，他就會為這個東西更拼命的來訓練學生。（3D）

受訪者亦提到校長本身辦學理念與行動的一致，亦會感動主任對校務的協助，如：

校長辦學理念寫在網頁上，洋洋灑灑寫很多，可是行為、重點校務的推動是不是一樣，如果一樣，你就能感動主任，那主任其實就會真心的去幫他推啦。（3H）

而校長本身對教育的認真投入也會感動教師使願意跟隨，如：

校長就是整個投入校務來講，他幾乎是凡事都走在前面去帶頭，做給大家看，那他話也不多，可是他就會做給你看，他一直做，他一直做到讓你感動，願意跟著他去做，去改變。（2C）

另外，教師的工作承諾亦會受到影響，如：

校長的真誠領導都會影響到同仁吧，能夠把學校這份工作，

不僅是樣職業，他能夠讓你把他當個人的事業。（3B）

綜上所述，可以得知校長真誠領導實踐有助縮短教師和校長的社會距離，教師願意將個人想法與校長溝通。其次，真誠領導的校長有明確的教育目的和價值，為校付出及勇於任事，不僅給予教師共同努力的方向，也凝聚教師對學校的向心力。再者，真誠領導的校長辦學理念、待人處事及工作態度亦能引發學校成員之認同。另外，真誠領導的校長關懷、尊重與肯定教師，以身作則實踐教育理念及投入校務工作，對教師的工作投入與承諾具正向影響。上述研究結果亦呼應Henderson與Hoy（1983）、Tschannen-Moran與Hoy（1998）、Bird等人（2012）之研究發現。

第四節　結語

一、校長真誠領導圖像

整理研究結果，教師們認為校長真誠領導實踐應包含自我覺察、道德自律、公平透明處事、真誠人際及心理資本等五個面向。茲分述如下：

(一) 自我覺察

校長辦學目的及價值信念明確，符合教育本質，把教育當志業，具教育熱忱，能堅持教育原則，瞭解自身的優、缺點，並承認自己的缺點與錯誤，能不斷反省自身言行並加以調整，有為有守。此外，校長的辦學理念、作為與其核心價值一致，以學生為中心，以學校為主要的考量，且能傳達給老師。

(二) 道德自律

校長情緒管理良好、能自律、言行一致、敬業負責、以身作則，

具正面的道德形象。做事亦積極投入，自己帶頭做，親力親為，行使參照權與專家權。此外，校長具有道德勇氣，敢做敢當，面對壓力勇於擇善固執，不推諉塞責，能為學校成員的有力後盾。

㈢ 公平透明處事

校長在處理事情時能秉持公平的態度，蒐集多方資訊、理解與傾聽各方的立場與意見，接納雅言，並將相關訊息及處理過程儘量透明公開，不黑箱作業。

㈣ 真誠人際

校長能知人善任，權力下放，且能坦白自身的能力不足，請成員協助；透過主動關懷與溝通，瞭解教師、學生和相關人員的需求與想法，協助解決問題，形塑學校的共同目的；此外，不僅對學校成員，對學校外部成員，校長亦能真誠表達個人的真正想法，說明自己的困難點。

㈤ 心理資本

校長能展現出對教育與帶領教師達成學校願景的信心（自我效能）、正向思考看待遭遇的問題與挑戰（樂觀）、達成目標的意志力與實踐力（希望）與面對挫折能迅速恢復（復原力）等。

上述五個面向中，道德自律、公平透明處事及真誠人際的表現係立基於校長自我覺察與心理資本之上，而校長對上述三面向表現的反省，察覺己身需改進之處，進而願意自我調整，對個人的真誠自我與心理資本亦有所影響。是以自我覺察、道德自律、公平透明處事、真誠人際及心理資本等五個面向是互相影響的。

二、校長真誠領導實踐之影響

研究結果發現：校長真誠領導實踐可獲得教師的肯定，對他們具

正面影響。真誠領導的校長能獲致教師信任，教師願意直接溝通想法，他們有明確的辦學目的也給予學校教師共同努力的目標，增進學校向心力；而校長的以身作則、言行一致，對教育的認真投入及付出也引發教師們的認同，進而影響其工作投入和承諾。

第四章

以校長眞誠領導
打造良好學校環境

第一節　前言

　　過去十幾年來，學校領導對學生學習的影響此一議題紛紛受到國內、外學者及研究者的關注（如李安明，2012；林明地，2010；林明地與陳威良，2010；謝傳崇與王瓊滿，2010；Leithwood, Seashore Louis, Anderson, & Wahlstrom, 2004; Mulford, 2008; Robinson, Lloyd, & Rowe, 2008）。學校領導被視為有效能學校的重要一環，學校領導和學生學習成就之關係長久以來是學校效能研究者探討的重點（Witziers, Bosker, & Krüger, 2003）。雖然領導與學生成就之關係被證實呈現間接相關，但有效的領導卻能促進組織的學習，進而影響學校的核心活動，教與學（Mulford, 2008）。然而儘管校長極為重要，但是只有透過他人的合作才能獲致成功（Hallinger, 2011）。真誠領導強調領導者的正面價值及個人自我覺察，當領導者表現出真實的自我，不僅對部屬的自我概念會有影響，同時也會影響其生命意義與幸福感（林家五、王悅縈與胡宛仙，2012），進而有引發效仿，培養出同樣具真誠特質的部屬，共同創建包容、重倫理和正向的組織文化（秦夢群，2010）。有助打造深度、豐富與持續學習的學校環境，促進學生真實學習（Duignan, 2012）。

　　探討校長真誠領導之實踐及其對學校成員之影響實有必要就學校情境脈絡加以考量。惟目前國內相關研究大都採用量化研究方法，不易完整深入的描述校長實踐道德領導的實際情形，難免有見林不見樹之缺漏。基於上述，本章旨在探究一所國民中學校長真誠領導之實踐，及其對成員的影響。研究問題如下：

　　一、個案校長如何實踐真誠領導？

　　二、學校教師知覺個案校長真誠領導對個人及學校之影響為何？

第二節 研究設計與實施

本章係採個案研究法探討校長真誠領導實踐經驗及對成員的影響，茲就個案校長之選取與介紹、資料蒐集與分析、研究信實度、研究倫理與研究限制說明如下：

一、研究對象

為深入瞭解校長在特定學校脈絡如何實施真誠領導及其可能影響，筆者採目的取樣，個案校長之選擇規準包括：1.較具教育使命，投入教育工作，與組織成員真誠互動，秉持服務精神治校；2.在校任期一任以上者。筆者曾在報紙上讀過有關李情（化名）校長的報導和文章，也聽過她在媒體上接受訪談及演講，而再經向教育處主管、幾位熟識的校長和曾與她共事的教師探詢之後，筆者選擇李情校長作為個案校長。

二、研究方法

本章為回溯性個案研究，主要探討李情校長於過去服務6年的學校實施真誠領導的經驗與影響，她將該所原本在谷底的國中經營成年年增班的學校。所採方法主要以質性訪談為主，文件分析為輔。

(一) 訪談

本章之訪談以半結構式的方式進行，包含對校長的訪談，訪談內容包括影響校長實施真誠領導的重要人生經驗，校長如何實施真誠領導來經營學校，並探討其曾遭遇的阻礙及克服的過程。訪談的內容擬涵蓋受訪校長生命史的敘述、領導經驗細節的說明（包含重要事件描述、學校經營策略、與學校同仁、學生和家長等利害關係人的互動、處理衝突細節說明），以及經驗反思等。另外為對學校教師的訪談，主要在瞭解教師對校長真誠領導的作法及影響。學校教師部分共訪談

8位。訪談問題包括：請依您個人與校長共事的經驗描述：1.校長的治校理念及其領導行為為何？2.校長的為人處事為何？3.校長與學校成員的互動情形為何？4.在您與校長互動的經驗中，曾發生哪些事讓您對校長的言行舉止印象深刻？5.校長的領導行為對您或其他學校成員產生哪些影響？

(二) 文件分析

　　本章蒐集之文件，主要為李情校長的相關報導、文章、個人出版品。文件資料主要提供研究者對李情校長之理解，並作為分析訪談資料之輔助。

三、資料處理與分析

　　本章蒐集之資料皆以代碼呈現，訪談資料以「I」表示，依研究參與者身分，P代表校長、T代表教師，最後再加註受訪日期。例如「PI0424」，校長之訪談逐字稿內容；「T1I0811」表第一位受訪教師之訪談逐字稿內容。文件資料以「D」表示，編碼主要依類別，書籍為「B」。例如「DB」即為出自書籍的文件資料。

　　資料分析方面，首先將分析架構分為領導行為及影響兩大部分，再進行開放性編碼，經仔細閱讀資料，思索其在脈絡中所代表之意義，以貼切且意涵能夠涵蓋字句的詞語或短句，進行編碼。之後將相似與相關聯之編碼歸納在主題與類別之下。

　　在研究信實度的部分，本章運用訪談、文件分析方法蒐集資料，加以比對，另一方面則針對不同受訪對象進行訪談，進行資料三角檢證。

四、研究限制

　　由於本章為回溯性研究，受訪者為校長及先前服務學校教師，雖有其他相關報導及文件資料為佐證，但因缺乏家長及學生觀點，故校長真誠領導影響僅能呈現教師觀點，有其限制。另外，領導的類型很

多，本章主要從真誠領導的視角切入，本研究對象之學校領導可能亦涉及其他類型領導，但不在本章範圍，故不予以討論。

第三節 研究結果與討論

本章目的主要在探討李情校長的真誠領導經驗，及瞭解其領導如何影響教師及學校發展。研究結果與討論分別從李情校長真誠領導實踐及領導影響兩方面來說明。

一、校長真誠領導實踐經驗

對應文獻，李情校長之真誠領導實施主要可從自我覺察、道德自律、真誠人際、公平透明處事及心理資本五個面向來談，茲說明如下：

㈠ 自我覺察

自我覺察是真誠領導的核心要素。當領導者能清楚自身定位、價值及立場，並能反省且調整，常會被視為較真誠（Northouse, 2016）。

1. 明確的教育目的

李情校長的教育理念是營造學校成為一個大家庭，帶起每個孩子。她說：

> 我喜歡把學校營造成一個家庭，有一個家庭的氛圍，是和樂的，然後才是一個避風港，大家才會覺得這個地方是能安身立命的地方。……要讓孩子們覺得說來學校很快樂、很安全，我希望每個人都有事做，每個人都有舞臺。（PI0424）

老師們也提到校長的教育目的是想帶起每個小孩，讓每個小孩能

夠考上心中的第一志願，如：

> 她希望帶起每一個小孩，每一個小孩都是寶，她不會因為你
> 的家境狀況不好，或者是家長社經地位較低，或者孩子比較
> 怪異、特殊，她就不接納你。那她用這樣的訴求去跟每一
> 個家長說，就是希望把孩子交到學校來，家長是安心的。
> （TI0811）

> 她剛來帶我們學校的時候，沒有要求老師說一定要要求學生
> 上第一志願，但是她要求我們要帶孩子考上孩子心目中的第
> 一志願。……我的感覺是她很在乎孩子，這個環境能不能讓
> 孩子有很好的發展，然後有沒有在這邊能夠學習快樂，我們
> 能提供什麼樣的環境跟學習資源，我覺得她很在意這個東
> 西。（T5A0811）

真誠領導者會受過去生命經驗的影響，李情校長亦提到過去經歷
對個人教育理念的影響：

> 我自己的成長過程裡面，有很多事情是讓我不舒服的，所以
> 我會用在我的教育上，我會把他改變，例如說，我以前就跟
> 學生講，學校有很多規定是為了全體的考量或者怎麼樣，如
> 果你覺得哪一個規定不合理，來跟我爭辯，只要你辯得過
> 我，我就採納你的意見，可是你要來辯論，你要把你的理由
> 準備好，要能說服我。（PI0424）

> 我自己不是一個乖孩子，我會衝撞體制，那第二個就是說，
> 我自己本身是成就低落的學生，我跟那些人在一塊的時候，
> 我懂得老師看成績好的學生跟看待成績壞的學生的眼光是不

同的，所以我會覺得說我爲什麼一直很想照顧弱勢，一直很
想要幫助他們，是自己本身有那個體驗。（PI0424）

李情校長展現了對學校的熱情，除了將學校是個家庭及把每一個
孩子都帶起來的理念不斷地向家長傳達：

我一直跟家長講一個觀念，就是說：你們一定要成爲我們大
家庭的一員，我們的目標一致，是爲了孩子好，你的目標是
爲你的孩子，我也是爲你的孩子，所以我們是夥伴關係。所
以我就是不斷的跟他們講我的理念到底在哪裡。（PI0424）

她也將理念明確傳達給老師（T3AI0811、TI0811、T6I0812、
T4I0812、T5AI0811），如有老師提到：

校長之前也會不斷地講她的辦學理念，不放棄任何一個人。
（T4I0812）

她認爲學校每一個孩子她都要帶起來，我覺得這個部分的理
念其實是很對的，她用這樣的訴求跟家長會談，我相信有很
多人都被她感動。（TI0811）

我剛好跟校長一起來，校長那時候，就是我們新進老師，她
就會找我們聊天，她想要學校怎麼樣怎麼樣，感覺好像是同
梯那種感覺。（T5AI0811）

2. 教育立場堅定，但能適時調整作法

Starratt（2004）指出真誠領導者係依其個人價值與信念行動，在
面對道德挑戰時能否忠於自己是對自身真誠的考驗。李情校長重視所

做的事情對教學、學生或對學校是不是真的有意義，如：

> 以她當校長的角度，她覺得對學校如果是有正面效應的東
> 西，……如果這個東西對學校長遠來看，或是社區對學校的
> 觀感，那這個部分她大概都就會去做。（T2I0812）

楊宜婷與馮丰儀（2012）指出真誠領導者能自我反思以覺察自身價值，堅持原則，但能適時調整領導作法。在老師眼中，李情校長是「強人，有硬的地方」（TI0811）、個性較不服輸（PI0424，T2I0812）、有「霸氣」（DB），但是老師們也提到李情校長雖對於教育的事會有所堅持，手腕卻是柔軟的。如：

> 原則很堅定，呵呵，但是就是左轉右轉，反正目標還是在那
> 裡。（T3A10811）

> 人家對她有誤解，或在理念上不合，我覺得校長還蠻……強
> 硬的，她後來其實還是很祥和的把它處理完，但是剛開始校
> 長面對大家老師的質疑的時候，校長不是那麼輕言妥協。
> （TI0811）

3. 能自省並自我調整

George & Sims提到，真誠領導人並非完美的，他們有弱點，也會犯錯，但是他們知道自己的短處並承認錯誤（楊美齡譯，2008）。Goffee與Jones（2005）也提到，領導者在變化莫測的環境中要保持最真實的自我，就是必須勇敢面對自己，瞭解自己的缺點，並能勇於承認。李情校長認為：

> 我認為絕對不能一味的強硬到底，我覺得你今天錯就錯

了，爲什麼一定要撐住呢？我做錯了就要誠懇地去道歉。
（PI0424）

而校長認爲道歉也是勇者的表現，她提到：
我不會說私底下去道歉沒有人看到，可能在辦公室大家都在
的時候，「某某老師，我眞是非常抱歉，⋯⋯。」別人以
爲我是在道歉算示弱，其實我是在傳達一個道理，今天做
錯事要承認錯誤才是一個勇者，眞正的勇者是敢道歉的。
（PI0424）

受訪教師（T4I0812、T6I0812）亦提到校長是能反省，且能聆聽
建言自我調整的人：

她急的時候，有時候講話會傷人，或是她的動作，可是她也
會去踩刹車，⋯⋯校長也會去接受我們的看法。她也會說：
啊！剛才太急。（T6I0812）

我表達我的觀點跟她不一樣，她當然第一時間可能不是很高
興，她後來覺得說我給她的是一個值得參考的意見的話，
她會在這件事情上做修改，或是一個妥協，她會這樣做。
（T6I0812）

綜上所述，李情校長基於建立學校為大家庭的教育理念，致力達
成「帶起每個孩子」的教育目的，堅持做對學校、學生有意義的事的
立場明確，並能自省、承認己身不足之處加以調整。

㈡ **道德自律**
領導者的道德表現與真誠領導關係密切，Bhindi等人（2008）主

張真誠領導與領導者的正直有關，是領導者對高度道德守則的自我要求或者倫理標準的自我堅持，言出必行以獲得他人的信賴。

1. 個性正直、無私

學校教師描述李情校長個性正直（T2I0812、T4I0812）、果決如：

> 我們做行政的同仁來講的話，就是說如果長官的那個決定是很猶豫不決的，我們其實……其實也蠻難處理事情的，那像我觀察校長她對於這種事情她是很果決的。（T3AI0811）

> 她都會很明確，你有問題問她，她絕對不會跟你說我再看看，她會說她思考一下，想一下你的想法，不行，她就真的跟你說不，可以的，只要一點可能她就會去幫你想辦法。基本上跟校長共事就是很明確啦！（T3AI0811）

有老師提到李情校長自我要求頗高（T5AI0811），處理校務盡心盡力，辦理活動會帶頭做，且致力達到高標準，因此即使校長不給壓力，老師們也會為了要達到那個標準而自我要求（T2I0812）。但是校長做事校長對學校的付出是無私的，而且辦完活動亦將功勞給行政團隊，不居功。如：

> 學校老師人都很好，但是我們其實某方面還是骨子裡會覺得是不是不要為校長政令宣導或是為了一個業績，我覺得校長那時候讓我們覺得我們做這件是的確為了學校。（T5AI0811）

> 辦完活動之後的那些功勞，李情校長是從來不會去居功的，一個活動結束之後，跟家長會有重要座談時，校長就會利用

這個時候把她的行政團隊推出去，讓人家知道說她有這一群優秀的行政團隊，成爲她的後盾這樣。（T6I0812）

2. 以身作則、言行一致

李情校長做事以身作則、言行一致，她提到：

不論帶學生或者帶老師，我覺得今天我要去要求你，我自己一定要做到，如果我自己做不到，我憑什麼去要求你。（PI0424）

學校教師也提到李情校長身體力行，實踐學校是家的理念：

她要把這裡創造一個家，屬於她的第二個家，所以校長很早來學校，那時我們也會跟校長講，你家那麼遠，不用那麼早過來，你不用這樣子，校長說沒有關係，她很早來，然後她一定是和我一起在門口迎接她所有的孩子。（T6I0812）

她是衝在最前面的那一個，我們只是跟著她的腳步。（T5BI0811）

她會讓我們很心服口服，爲學校賣命是因爲校長都做成這樣了，那我們老師該幹嘛！……校長會讓我覺得她爲學校付出了這麼多，然後我們沒有什麼理由說不。（T5AI0811）

她透過第一個有點類似像信心喊話，實際上她的作爲可以讓你覺得說：好，OK。我們來做做看，校長就會主動去提說她可以怎麼做？各處室要怎麼樣？不會說叫我們自己去想辦法。（T2I0812）

3. 有擔當、能為老師後盾

學校教師們分別提到李情校長是他們的後盾（T2I0812、T3BI0811、T5AI0811），她會幫忙爭取資源，讓老師能專心教學，遇到突發事也會幫忙處理，讓老師感到安心，獲得教師們「很有肩膀」的評語（DB）。如：

大家發現真正來了一個會做事的校長，大家那時候覺得有希望了，不一樣了，這個校長真的來做事了，真的開始引進一些資源，開始替學校爭取經費，那當然老師就覺得說她有後盾。（T6I0812）

很現實的是我們有時候還要出去面對外面家長的閒言閒語或是一些……，那時候校長給我的感覺是校長會處理。我覺得很放心，只要她在我覺得很多事情都能處理，我們就專心做好教學的事情，不用應付家長什麼的，都不用。（T5AI0811）

她自己有肩膀她就幫我們扛下來，然後私底下可能會再提醒老師說哪個部分要特別注意這樣。（T3BI0811）

校長就是很有肩膀，扛起所有的事情，自己感覺上就是有一個依靠在的那種感覺，其實是很放心的。（T5BI0811）

4. 敬業負責

李情校長本身做事敬業負責，總是「盡最大的努力」（T5BI0811），為學校付出。

她有時候辦活動，或者跟家長之間……，像我們的音樂會或

什麼的，一定會遇到困擾，譬如說場地、時段或者是某一些地方出差錯或出問題，可是她都會一定要堅持硬著頭皮辦到完，不會說就算了。（TI0811）

她那種感覺就是會讓我們感覺她想要為學校付出，她是願意犧牲的老師。（T5AI0811）

綜上所述，李情校長個性正直、無私，以身作則、言行一致、敬業負責，教師視其有擔當，能為教師後盾。

(三)真誠人際

George（2003）提到真誠領導者能夠打開心胸，建立與他人的連結。

1. 經營家人關係

李情校長視學校為一大家庭，他以學校的家長自居，致力經營與學校親、師、生的家人關係。李情校長對人真誠（T2I0812、T5AI0811），體恤老師、體恤家長，又照顧學生（T6I0812）。在學校這個大家庭，她主動關懷老師、學生（TI0811、T2I0812、T3BI0811、T4I0812、T5AI0811），跟行政人員之間的關係也非常良好（T5BI0811），跟社區的互動非常積極、細心（T2I0812），跟家長們相處真的就是朋友（T5BI0811）。

(1) 對老師

對老師，李情校長提到：

不斷的製造一些溫暖的環境，讓老師們感動，感動嘛！勇敢的敢，敢動，今天因為對校長的作為感動，所以老師才敢積極的行動嘛！（PI0424）

她進一步闡述其想法：

我覺得我讓你們安心的教書，有什麼事情你們找我商量，我
會幫你們解決，幫你們處理，幫你們想辦法。即使不能解
決，我也可以理解，或者是我去外面幫你找資源來給你，就
是大家庭的氛圍。（PI0424）

李情校長主張行政支援教學（T2I0812、T4I0812、T5AI0811）：

她常常告訴我們行政是老師很重要的後盾，如果我們沒有這
些做後盾，老師根本沒辦法向前衝，所以她會讓老師先發
言，然後每一個發言的部分校長一定會記錄下來，然後會在
主管會報的時候跟主任做溝通，老師真正有需要要做的，那
她會跟老師做溝通。（T6I0812）

為了達到行政支援教學，李情校長在活動就是儘量以行政人
員去支援，或是請老師利用課後時間去幫，不會說要學生一
堆去做什麼。（T2I0812）

即使退休人員，李情校長亦努力經營與退休人員的關係，凝聚退
休人員與學校的感情，使成為學校的重大助力。

對於退休人員，她花了好大的精神去經營，經營成對學校是
一個非常大的助力。那些退休的老師都是人力，他們的那個
經驗，她都很尊重他們，這個很了不起，所以她任內的時
候，退休的老師會來當義工協助，或是說來捧場，都會到，
她也會要求我們工作上一定要讓退休的教職員有參與的機
會，這樣一來人手夠了，二來那個從這邊退休的，他也有一

個很正當的理由可以回學校看看。（T4I0812）

學校教師們亦提到李情校長視同事為家人，為了同事願意犧牲，如：

她真的把同事當家人那種感覺，……校長願意犧牲她的，她會很在意，將近每一個同事她都這樣做，會覺得校長很重視我們。（T5AI0811）

我看學校大概只有她自掏腰包的份，她光那個一些大地方小地方，本身也花了蠻多金錢跟精神的。（T4I0812）

(2) 對家長

對家長，她認為：

我們先把自身的工作做好，讓家長知道說校長我們現在做些什麼事情，當家長都是我們的家人，他挺我們的時候，他就是我們的靠山。（PI0424）

老師也提到：

校長說我自己學校的事情我自己想辦法，她希望家長會給予的是支持，是精神上、行動上的支持，我需要什麼活動，你家長可以來，而不是要金錢上的支持，因為家長也要照顧她的子弟，還要再請她從口袋裡拿錢，她說沒有這種必要，學校的錢不夠我們自己想辦法。（T6I0812）

(3) 對學生

對學生，李情校長自稱校長媽媽（T3BI0811），稱學生寶貝，所以孩子都覺得自己真的是寶貝，學生的氛圍、表現的行為會完全不一樣（T5BI0811）。

> 每一個小孩不管剛開始問不問候，她主動都跟小孩問候，她說寶貝早，這樣子營造幾年下來，每個孩子都會跟她道早。（TI0811）

> 人相處都是互相的嘛！你感覺的到她有一點在意你，你自然而然跟她……有學生在校長室外面遇到她，學生都會很親切的喊校長好啊！校長也都會一一的跟她們回應。（T3AI0811）

> 我們在做任何事情，她就走過來問：怎麼樣？遇到什麼問題了嗎？……她會去看我們的孩子做了什麼事情？會陪同我們的孩子。（T3BI0811）

2. 積極傾聽與溝通

在教師眼中，李情校長是在乎老師和學生的人（T3AI0811、T5AI0811），願意傾聽、溝通的人（T6I0812）。有老師提到：

> 今天遇到不管什麼樣的問題，我都可以跟校長溝通，跟她溝通其實也不需要太制式化。（T3AI0811）

> 校長她想經營一個家的感覺，所以她希望是跟孩子做理性、柔情的溝通，為什麼這件事情是不能做的？……她說我們就是要溝通，導師會報的時候校長也會把她這種理念跟老師來

做溝通。（T6I0812）

身為大家長，李情校長採用柔性溝通策略，同理教師。她會讓老師留相當的情面（T4I0812）。有老師認為校長講話很有說服力，她溝通夠真誠，手腕是柔軟的（T3AI0811）。李情校長主張：

我強調你要真誠，可是講話要有技巧，真誠沒有罪，絕對正確，錯就錯在講話的技巧。處理的方式要考慮到人家的面子，還有跟人家講話的地點，就是不要傷害到老師的自尊，讓他知道說你是為他好，你是站在他的角度替她設想，那老師就願意接受。（PI0424）

即使對於某一些學校老師的做法，她覺得不是最恰當，她也會用比較委婉的方式提出她的看法，在鼓勵同事的這一點上面，她做的是蠻好的。（T4I0812）

面對個人理念的實踐，儘管李情校長會有所堅持，但態度委婉，請託老師們幫忙，如有老師提到：

校長她就是有能耐把她的理念說給大家聽，她想表達她的訴求，她姿態蠻軟的……她是用拜託的，或是用人情的方式，希望大家一起這樣做。（TI0811）

一個問題在那裡，直走不行，那就轉個彎，她的目標還是在那裡，但是校長會跟老師解釋為什麼。（T3AI0811）

李情校長喜歡用說故事的方式和學校利害關係人溝通，校長分享：

我都有跟學生講，教學生要有禮貌，我都用故事的方式來帶領學校，我不喜歡罵人，我當訓導主任也是，我不喜歡罵人，我不喜歡打人，我覺得那是一種很遜的方式，所以我一直在做的一件事情就是故事領導，我很喜歡故事領導，因爲每一個都喜歡聽故事，老師也很喜歡聽故事，大家會從故事裡面去領略他想領略的道理，每個領略都不一樣。（PI0424）

而除了說給學生聽，校長亦藉機說給學校老師聽，校長提到：

我在講故事給學生聽的時候，其實老師也在聽，他們會感動也會慢慢去思索一些問題，所以有的故事我不是專門講給學生聽，其實我的用意是在講給老師聽。（PI0424）

對此，老師們表示：

我們知道她講的道理，可是她是用很切身，而且感覺完全不著痕跡，用很生活化的方式，就好像是眞的發生這樣的事情，她要傳她的東西，所以孩子很容易就聽進去。（T5AI0811）

我很喜歡校長她在開會的時候她都會講說，可能附近家長啊，還是她聽到、遇到的事情，她有什麼感受，然後她就好像跟自己的小孩講話一樣，然後就跟寶貝們分享她知道這件事情，然後她的想法是什麼，那我覺得孩子她聽那些話之後，那個從内心裡面的那種改變眞的還蠻大的，就是她會從日常生活當中也會跟著去做。（T5BI0811）

3. 關懷教師需求，予以協助

李情校長能同理、真誠的理解學校教師需求，在自身能力所及之下給予相對應之關懷，儘量協助教師解決問題；若有困難，李情校長也會清楚說明她的困難點，符合Fields（2013）指出較真誠的領導者在事情變糟時較少訴諸顧自己面子和自我保護的策略。有老師提到：

> 她不是說只是一個長官，你要做就是要怎麼樣，她是噓寒問暖，常常真的是那讓我們感覺做這東西是有目標的。
> （T3BI0811）

> 只要老師有提出需求，校長也覺得對於學校的教學是有幫助，如果有一點點可能，她就說她去想辦法試看看，……老師們提出的需求，她的回答不會是那種猶豫不決的，思考完之後，她覺得不行也會跟你說清楚哪裡可能有點困難。
> （T3AI0811）

因為校長講話明確，老師在跟校長互動時也比較直接坦率，如：

> 有時候在跟校長講話我也不用想說要怎麼講，因為我覺得她應該都看得清，看在眼裡，所以我在跟校長講話我就很直接說了。（T5AI0811）

即使辦教師專業研習，她也會站在教師的需要來思考規劃，有老師提到：

> 像我們的教師校務研習喔，真的就是說她發現大家需要增強的部分，教師研習的課程，她會先去跟行政同仁說蒐集到老師的需求是什麼，她有她自己的行政直覺，她會協助各處

室，提供一些優秀的講師，而不是去流於形式說只是辦研習，就結束了。（T6I0812）

Bhindi與Duignan（1997）提到真誠領導者能自覺個人的缺點、容忍他人的不完美，幫助他人學習、成長與成功。同樣地，李情校長也會將個人想法與訴求和學校教師充分、明確溝通，讓老師做事有所依循，並給予支持；教師若遭遇問題，她則站在協助解決問題的立場給予幫忙。如：

校長就衝在我們前面，她告訴你要怎麼做，然後框了一個大框框給你去做，……她會去找一些資源來，讓人覺得說有很多錢可以做一些想要做的東西，或者推廣一些東西，她會讓你有很多發揮的空間跟資源，然後她又是支持你的。（T5AI0811）

她做事情不會說「好，都可以呀」，她不會這樣，她就是你有困難就要跟她說，我如果有什麼困難，我都會跟她講，她其實是OK的這樣。（T3AI0811）

萬一說不如理想，她會問說那這個狀況我們怎麼來因應？……校長不會責怪你，她是如果你知道這樣不夠好，那我們要怎麼樣再去解決改善。（T2I0812）

另外，李情校長知人善任，能建立與老師的連結，進而形塑成提升學校的團體動力。其中，包含起用「亂源」：

到學校之前，有朋友曾經好意告知學校有哪些人意見特多，是學校的亂源。我到學校之後，會利用巡堂時間，經過老師

辦公室，然後進去與大家聊聊，藉以觀察、瞭解他們。我發現「亂源」名單中的那些教師，居然都是非常優秀且孚眾望的人。因此我毫不思索的請其擔任行政職務（DB）。

老師們也提到：

她會去瞭解每一個老師的特質，還有她的專長興趣什麼的，不時遇到的時候就會跟你聊一些，可能她知道你的興趣，或者你會做哪些事情，可能就會問你說之後有什麼活動可以來幫忙，或者是有相關興趣的事情她就跟你聊個幾句，讓我覺得她有在注意你、關心你。（T5BI0811）

校長看學校的問題不是在老師的素質不OK，只是說老師沒有統合的方向，……她就做了整合，把大家各自的能力整合在一起，向上提升這個學校。（T3AI0811）

而且校長還會適時的推銷學校老師，讓學校老師的努力被看見，給予老師成就感。有老師提到：

校長來之前，學校教師很認真，但缺乏一個頭來帶，校長讓其他的家長、外界，看到我們的老師是很好的，她透過包裝跟宣傳，還有她的努力，把我們老師們凝聚起來，不會是單打獨鬥。（T5AI0811）

綜上所述，李情校長經營與教師，學生，家長的家人關係，她以包容的態度和同理心傾聽、溝通，關懷家人的需求，並給予協助。

㈣ 公平透明處事

　1. 訊息透明公開

　　Gabrielle（2007）認為真誠領導須具備公開透明的特性，及採取一貫性的指示以達到組織共同的目標。李情校長在老師眼中是個有話要說清楚的人（TI0811、T3AI0811）。她覺得「既然是一家人，就要開天窗說亮話。」所以會主動跟老師就學校事務做說明。她認為：

> 我覺得你就是要坦白，要真誠，因為今天如果老師們是從別的地方知道你怎麼樣，其實他對你會誤解或怎麼樣。
> （PI0424）

> 我們這邊要說服老師，要讓他知道什麼是好的，什麼是不對的，我們為什麼做這樣的安排，重點在哪裡，很多事情來跟老師們說明，其實老師們都知道怎樣做才對。（PI0424）

> 很多事情她覺得要公開講就會公開講清楚，萬一遇到比較緊急的事情，就是會馬上開會馬上講清楚，會覺得跟著她做事不用猜，有問題就是問清楚這樣子。（T2I0812）

> 校長在很多的公開場合她會告訴我們現在什麼狀況，她現在處理的，需要我們什麼配合。（T5AI0811）

> 她很多事情不是丟給你，只有嘴巴說，這樣子的行政主管變成大家壓力就會很大，那校長有一些訴求會告訴你，她有一些她的想法，可是她會做，她會幫你找資源，她會幫你找經費，然後她會很明確的告訴你她要做什麼。（TI0811）

2. 蒐集多樣資訊，公平決策

李情校長在處理學校事務時會傾向將訊息公開透明化，採包容、接納的態度，在以學校好的前提下與教師共同討論，決策的過程中教師享有同等的發言權，一旦做出決策，全員必須遵守。

> 我希望學校裡面的一些政策，不只是一些作為是要我們大家一起討論出來，我說的未必是周延的，如果你們覺得你們想法比較正確，你可以說說看，在會議的場所裡面，沒有說什麼誰說的才是算數，我們今天誰能夠說服大眾，然後能夠表決通過，那個就是我們唯一要採納的方法。當我們決定好那個方法之後，我希望所有的人都閉嘴，學校是大家的，這個大家庭是我們的，我們一定是一個目標而已。（PI0424）

> 一些活動的話，她就會提出來大家討論，她不一定說想要怎麼做就一定怎麼做。……大家透過這樣的過程在決定學校事務是可以達到大家覺得這個方式好，而且馬上可以看到效果啦。（T2I0812）

面對突發事件，校長也會果斷的跟全校教師說明當下情形，如：

> 校外對於校內有一些不好的傳聞，校長很果斷，立刻召開全校老師的會議，她把她的理念、想法跟全校老師說明，然後詢問在場老師是不是有不一樣的意見，如果沒有，那這件事情我們全校就是一個說法。（T3AI0811）

綜上所述，李情校長秉持公開透明處事的態度，將學校訊息透明化，讓學校教師瞭解並徵詢老師意見，以學校福祉為依歸做出決策。

㈤**心理資本**

真誠領導者具正向心理資本，包含樂觀、復原力、信心、希望四個要素（Avolio & Gardner, 2005）。

1. 樂觀

在老師眼中，李情校長是個很正向、樂觀的人。李情校長對遭遇的挫折持正面思考，她提到：

> 我鼓勵大家嘗試，很多東西要嘗試去做，因為在我的成長過程的經驗裡面，覺得說有很多東西我就是去做，失敗了就再去修正，……我的老師們做什麼事情，我鼓勵他們，你不要光想，你也不要不想，你就是要儘量去想儘量去做，就算失敗了也是一種教育。……反正做任何事情，一定都有它的意義，所以老師、孩子們要做什麼，好啊！只是我會去跟他們討論說，這個很好，但是我們現在來想一想，看這個過程裡面會遇到什麼狀況，會陪在老師們旁邊，一起討論，提供意見給他們。（PI0424）

2. 復原力

在遭遇挫折時，李情校長堅強的迎向挫折，並加以調適。她提到過去遭遇挫敗時，選擇自我武裝，堅強的告訴自己：「我絕不讓眼淚掉下來」（DB）。

> 面對不如意事，李情校長展現了迅速的復原力，她提到：
> 我生氣或者難過，我都啪啪啪發洩講出來，講完就好了，如果真的講完還是不舒服的話，我回到家寫日記，還有一個我會為對方找理由，其實為對方找理由等於在原諒我自己，在釋放我自己！（PI0424）

學校老師亦提到：

她當然評價是有一些正面有一些負面，每一個人都一樣，我
覺得她對負面的一些批評，心裡是會在意，但嘴巴很強硬，
她其實自信心很強，所以會往正面看，……她很知道她自己
要做什麼？有時我覺得她會很受傷，有一些人的攻擊她可能
覺得很受傷，可是她講講講講，爆發一下，回頭她就不在
意。（TI0811）

3. 信心

李情校長將學校願景及如何達成清楚的對教師勾勒，展現出達成
願景的信心，也讓老師相信是有可能實現的。老師們提到：

校長給我們的感覺是很正向，她覺得說其實家長自己會來，
只要我們辦得好的話，家長自己會願意來我們學校唸書。
（T5AI0811）

她那時就有講過，在她領導之下會有什麼樣的願景，就是增
班。她要如何增班？大家怎麼努力？目標訂在那裡，我們來
一起做，她是帶著我們去做。（T3BI0811）

她想要怎麼做會先跟大家講，最棒的部分就是說你要做什麼
東西她絕對不會讓你沒有方向。（TI0811）

她會跟你講說這個學校有什麼，她想要做什麼願景，逐步、
逐步的，因為她也不是直接第一次就說大話，就是點點滴滴
用出來，你就會覺得說她不是那一種說說而已，她是真的會
把東西用出來給你看。（T4I0812）

4. 希望

在帶領教師的過程中，李情校長在遭遇問題時傾向採「一定有辦法，沒問題」的思考模式（DB）。學校老師們亦感受到李情校長對達成學校目標及任務的信心及實踐力，他們描述李情校長是「校長在沒有什麼事是不能做的，做不到的」（T5AI0811）。「只要她想做的事，我自己是覺得成功率還蠻高的，當然會有很有希望的感覺」（T2I0812）。

> 你會覺得說校長她有那個能力去發展這個學校，很多事情只要她關照到的地方，她就有能力，做起事情就比較不會說：哎呀！這可行嗎？怎麼樣怎麼樣。因為她會給你看說這怎麼不可行，弄給你看啊，可以啊。（T4I0812）

> 她可以幫學校設定到一個點，然後從這一個點怎麼樣往前走，她設定的目標大概都能夠有八九成達到！（TI0811）

> 她真的非常有執行的能力，而且是她想要做什麼，就會一直推行到做到完整。（T5BI0811）

綜上所述，李情校長樂觀正向看待遭遇的問題與挑戰；對達成學校願景及自己的作法具強烈的信心、展現實現學校目標及任務的意志力與實踐力，以及不被挫折打倒的韌性等。

二、校長真誠領導實踐之影響

Avolio與Gardner（2005）認為真誠領導是一種行為互動的表現，不僅引發領導者與成員間的自覺與自律的互動，也促進個人自我與組織願景的發展。茲就李情校長實施真誠領導對學校成員的影響闡明如下：

㈠ 給予教師明確的目標

真誠領導者讓人們團結在共同目的之下，並且授權人們挺身而出，真誠領導讓所有利害關係人創造價值（楊美齡譯，2008）。在提到李情校長的影響時，學校老師紛紛提到李情校長給了學校老師共同努力的目標，如：

我們有看到她在做，也親自跟著她去做了那個過程就覺得說，其實要朝向她畫的藍圖是有可能的實現的，所以就會更願意去跟她一起拚。（T3BI0811）

校長一直就是，一開始就關心孩子、關心老師，會讓我們知道她是想要把這個學校帶到怎麼樣。（T5AI0811）

這樣的校長會讓你比較安心，也很清楚未來的方向，也很清楚大家在辦教育嘛！（TI0811）

學校老師亦提到，即使校長離開之後：

大家很清楚，大家也希望學校能夠穩定朝著學校自己的目標。（T2I0812）

校長給我們的影響就是她走了，但是精神還在，精神在理念在，就是凝聚在學校身上，假設我們對後來學校的領導者沒有很認同，我們還是有那股力量在這個地方，因為李情校長已經把我們的力量凝聚起來。（T3BI0811）

由此可知，學校教師們在李情校長的領導之下形塑了共同為學校努力的動機與目標，呼應Duignan（2012）指出真誠領導將有助提升

成員的動機和道德水準，來改善人們的生活。

(二) 建立信任感

真誠領導有助於建立良好的信任人際互動關係（吳清山，2016）。因為李情校長以身作則，加上學校氛圍改變，學校教師亦感受到老師、家長對李情校長的信任（T2I0812、T5AI0811、T6I0812），進而增加為對學校的信任，如：

> 校長來的時候，老師可能對學校普遍沒有很有信心，……這個過程裡面，老師很明顯的感受到整個學校氛圍從凝重在改變，……校長她想做的事情，比較不會去質疑。（T2I0812）

> 校長給我們很大的信心跟力量，還會讚美孩子說，孩子你們是最棒的，其實她不只是對我們也會對孩子。（T5AI0811）

> 我們在當導師的時候，……從行政人員那兒我們就可以進一步的知道到底校長本身的處世，就會有更深的那個信任感。原本學校氣氛低迷，她來之後，逐步地讓大家信任她，讓大家對她有信心，接下來就會對學校有信心；社區以及社會團體對她很信任，那一份信任就持續到她離開之後繼續對學校有相當程度的信任。（T4I0812）

由此可知，校長真誠領導有助建立學校利害關係人的信任。呼應馮丰儀與楊宜婷（2015）、Bird與Wang（2011）、Fox、Gong與Atton（2015）、Martin（2015）研究發現，真誠領導有助提升教師信任。

(三) 促進組織承諾

Avolio等人（2004）提到真誠領導雖被視為能直接對部屬的態度和行為具直接影響，但是他們認為此一影響透過部屬對領導者的認同可更具影響力。個人認同係指個人對領導者的信念成為自我參照（self-referential）的過程。李情校長認為形塑教師對學校的使命感是重要的，她提到：

> 校長絕對不能單打獨鬥，所有的建設什麼都可以先暫停，第一步一定要先做到的就是把老師們整個帶起來，凝聚力才是最重要的。老師們的凝聚力帶起來了，是一家人的凝聚力，是共同努力的夥伴關係，生死相交的朋友，當你有帶到這樣的關係時，是一種使命感的結合，有共同使命感，即使校長離開，這個學校還是不會倒下去，因為已經凝聚在一塊了，所有設備會老舊，但是文化、凝聚力是不會老舊的。（PI0424）

老師們提到學校整個向心力愈來愈多（TI0811），李情校長「團結了孩子對她的，我們老師對她，甚至連退休老師都可以，家長也是（T5AI0811）」，還有老師說：

> 她把老師的心全部凝聚在一起，像退休老師的，她把退休老師凝聚得非常好，因為這些退休老師也知道整個學校的興衰起落，他們看到說真的有一個校長是願意為學校做事的，所以他們也回來了。（T6I0812）

教師們提到李情校長的領導凝聚了他們，也建立了他們對學校的認同，如：

她會讓你更相信我想做的事，我就是要去做這樣。對，就是
這樣，有成就感，不只我有成就感，學校也很有成就感，
因爲我做出來的成績就是學校的成就感，孩子也有成就
感，……校長走了我們還認同這個概念，就是認同學校，我
們要維持住這個東西，所以我們大家爲什麼還是那麼那麼努
力在做。（T3BI0811）

以前校長在，讓家長認爲說校長帶了你們，老師才起來，但
是校長走了，可是我們整個都已經凝聚在一起了，就是校長
已經讓我們意識到我們今天怎麼從谷底爬起來了，我們不可
能再後退了，所以今天不管在位校長是哪一位我們不管，但
是這間學校是我們一輩子要待的學校，所以那時候家長質疑
我們的時候，我也跟家長講，我很清楚我們學校是怎麼爬起
來的，今天校長走了，她留下的是她的精神，我們還是會繼
續凝聚這樣子。（T5AI0811）

　　由此可知，學校教師因為認同李情校長的理念和為學校付出，進
而形成組織認同，組織承諾亦有所提升，不受校長更迭影響。

㈣ 工作投入
　　李情校長以身作則，對校務認真負責，對教師們的工作投入產生
了相當程度的影響。如：

她的政策不敢說所有的政策所有的老師都認同，可是老師
們還是會去做，因爲校長都辛苦成這樣了，……至少我
們很認定這個校長是很認真，……我們信服她，因爲她犧
牲了很多，她也爲學校做很多，那我們也應該這樣做。
（T5AI0811）

學校老師就因爲也看在眼裡，所以就跟著拚。（TI0811）

她凝聚大家的力量，大家願意花所有的時間在這裡，譬如說
花了很多大家的休息時間，大家假日的時間，嗯……課餘之
外大家都比較樂意。（T3BI0811）

還有老師提到因為看到李情校長為學校的付出，而願意去接任行
政工作，一起為學校努力，如：

我們答應她當行政職的時候，就是有一種使命的感覺啦，就
是說你就是要去協助校長，等於說大家一起分擔這個學校的
工作責任。（T4I0812）

由此可知，李情校長對工作的認真投入，激發了成員見賢思齊，
願意花費額外的時間投入學校工作，甚至提高成員兼任行政工作，一
同為校服務的意願。

㈤ 教師真誠

Gardner等人（2011）主張培養真誠追隨者是真誠領導過程的重
要一環。真誠領導者能成為部屬仿效的正向行為楷模，而且透過與領
導者的高品質互動關係，部屬很有可能具備和領導者類似的價值及行
為上表現的更真誠（Ilies et al., 2005）。老師們提到在李情校長的領
導之下，建立了學校成員「為學校好就一起去做」的理念。如：

校長在這幾年的領導，讓我們相信我們一定可以找到屬於學
校的一條路。不管政策是如何變，現在學校老師對事情或許
有爭吵，可是只要這件事情是對的、對學校有利的，大家還
是會放下彼此的私心，努力去達成這件事情。以前是沒有人

去把這些東西連結起來，就李情校長來之後，大家都看到這
個人是真的為學校做事，連她校長都可以這樣放下身段了，
那我們做老師的又怎麼樣呢？（T6I0812）

當初李情校長是親力親為，我們自己也是，新進教師進來，
我們教書十幾年還是帶著她們一起做，……我們在帶新同仁
就是做的絕對比她多不會比她少，李情校長給我的理念就是
這樣。（T3BI0811）

我們開學前會有那個教師研習，就是我們會去思考啦，像是
整個學校底蘊或是精神，這種東西是落實在學校很多事物的
上面，啊這種東西是不是可以透過教師的研習去凝聚出來，
我們之所以這幾年都很重視，其實這個也是那時候李情校長
覺得這東西是要做。（T2I0812）

學校很棒的是老師們也是一直把這個能量延續下來，一直凝
聚那個力量，一直去衝的感覺，就是有延續下來的感覺。
（T5BI0811）

　　由此可知，李情校長的教育理念、價值和言行對學校教師們具有
正向示範效果，受教師們認同，進而內化，也成為學校持續發展的重
要動力。

三、綜合討論

㈠校長真誠領導的實踐

　　研究發現，李情校長的真誠領導實踐可分為自我覺察、道德自
律、真誠人際、公平透明處事及心理資本展現五個部分。在自我覺察
上，李情校長有明確的教育目的及立場，但是她本身是能自省的人，

也有接納別人意見的雅量能進行自我調整，故儘管有教育堅持但身段手法是彈性的。在道德自律上，李情校長個性正直、無私，處理校務以身作則、言行一致、做事敬業負責，教師視其有擔當，能支援教師，為教師後盾。在真誠人際上，李情校長經營與教師、學生、家長的家人關係，她以包容的態度和同理心積極傾聽、溝通，關懷學校成員的需求，並給予支持協助，而遇到困難亦明白告知，與學校成員建立良好的關係連結。在公平透明處事上，李情校長秉持訊息透明公開，採共同參與決策，蒐集多方意見，期做出對學校最好的決策。在心理資本上，李情校長展現了樂觀、信心、希望及韌性的心理特質。上述研究發現呼應Walumbwa等人（2008）及George（2003）的研究發現，也顯示領導者的心理資本能被成員所知覺，應納入真誠領導的重要元素之一。

　　從李情校長的真誠領導實踐，多少可看出受華人社會影響具家長式領導的部分色彩，李情校長以學校的家長自居，經營學校為大家庭，道德自律，以高標準自持，適與德行領導相符；而真誠人際部分，則與仁慈領導展現對成員的關心，並給予幫忙類似。李情校長有話明說，與成員積極溝通，但是在針對成員的回饋則傾向顧情面的。依此，校長所處的文化脈絡對其真誠領導之實踐可能具相當程度的影響。

㈡ 校長真誠領導實踐對學校教師的影響

　　本研究發現李情校長踐行真誠領導對學校成員的影響包括：校長本身「帶起每個孩子」教育目標明確，身體力行為校付出，顯示對達成目標的信心及實踐力，形塑教師們為校努力的共同目標；校長的道德自律，與教師們的真誠人際關係，建立教師對校長的信任感，進而凝聚教師向心力，促進對學校的認同，提升組織承諾及工作投入。此一研究適支持Gardner等人（2011）的實徵研究結果整理發現：真誠領導與對領導者認同、對領導者信任、組織承諾、工作投入、工作表

現具正相關。其中，雖然李情校長離開學校，但是她的教育理念、價值和言行受教師認同，產生正向示範效果，也成為學校迄今持續發展的重要動力，即Starratt（2004）提到真誠的教育領導者能發展和維持一個促進真實教與學的工作環境。

　　另外，研究亦發現李情校長的真誠領導亦可能對教師的真誠特質產生影響，或可支持真誠領導作為一種影響過程，展現在真誠領導者身上的真誠要素同樣也會展現在真誠追隨者此一論點（Gardner et al., 2005）。即真誠領導者透過自我覺察與調節、言行一致與道德行為的展現，作為部屬的正向學習楷模，影響其個人認同，使對真誠領導者的信念及行為產生正向模仿，成為具真誠特質與行為的追隨者（Avolio et al., 2004; Ilies et al., 2005）。惟教師真誠屬個人特質，真誠領導對部屬真誠的影響實需更多實徵研究加以探討證實。

第四節　結語

　　依據焦點團體訪談及個案研究結果，茲提出真誠領導實踐架構如圖4-1。其中，校長真誠領導之實踐主要包含自我覺察、真誠人際、公平透明處事、道德自律與心理資本等面向；其次，校長真誠領導之實施會影響教師對彼此關係的知覺，進而影響教師的認同與信任、工作投入和承諾及教師真誠發展。再者，華人文化價值（如父權主義）對校長真誠領導可能會產生影響。另外，學校的背景變項（如規模、學校所在地）、學校關鍵事件之處理（校長處理方式、成員的反應）及學校組織氣候會對校長真誠領導實踐產生影響；同樣地，上述因素亦可能影響學校成員對校長真誠領導的知覺。

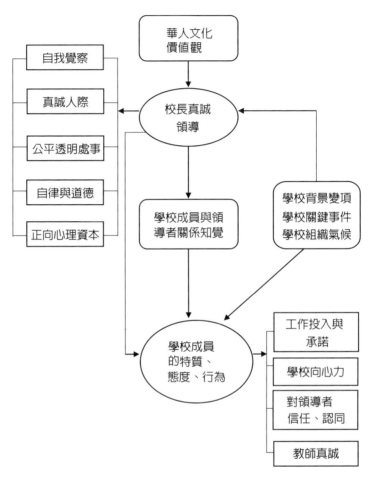

圖4-1 真誠領導實踐架構

第五章

中小學校長真誠領導實踐及其影響因素

第一節　前言

　　真誠領導者忠於自己的信念，與他人建立真誠的互動關係以獲得信任；他們關心如何服務他人，勝過關心自己的成就和知名度（George & Sims, 2007）。教育領導和行政是價值啟發、倫理和道德的活動，真誠的教育領導者正是當前學校所需（Duignan, 2014）。然而，傳統文化及受西方影響教育改革的交互作用對臺灣的校長們產生了嚴重的衝擊（Hallinger, 2010），儘管校長們被期望能實施真誠領導，但不可忽略的是他們面對不穩定的教育環境、衝突的內、外價值、制度和多元的期待，對其真誠不啻形成挑戰（Walker & Shuangye, 2007）。尤其在現今效率、績效掛帥，以結果論成敗的社會價值影響下，面對來自上級、學校成員、家長、社區人士與民代等多樣利害關係人提供之強力誘因與施加的沉重壓力，對校長而言，確實是一大考驗。

　　賴志峰（2007）指出學校領導實踐受到領導者心理過程及外部影響因素的影響，而領導者個人的內部過程，包含個人特質、能力、思考等雖為個人自主，但亦受到其專業社會化歷程、組織氣氛、教育政策及明顯或潛在的外部影響力所影響。張鈿富和馮丰儀（2010）亦發現校長的道德行為有可能受其他因素的影響。是以本章旨在瞭解我國中小學校長真誠領導實踐情形及其影響因素，最後依據研究結果，提出結論與建議供相關單位及人員參考。

第二節　研究設計與實施

一、真誠領導概念

　　整理焦點團體（第三章）、個案研究結果（第四章），提出真誠領導架構，包含自我覺察、道德自律、公平透明處事、真誠人際及心

理資本五個構面，作為進行真誠領導量化設計之依據，茲分述如下：

(一) 自我覺察

有明確的教育目的和核心理念，把教育當志業，具教育熱忱，堅持做對的事和把事情做對，瞭解自身的優、缺點，並承認自己的缺點與錯誤，能不斷反省自身言行並加以調整，有為有守。此外，個人的理念、作為與其核心價值一致。

(二) 道德自律

能自律、言行一致、敬業負責、以身作則，除了道德形象的維持，做事亦積極投入。此外，個人亦具有道德勇氣，敢做敢當，面對壓力勇於擇善固執，不推諉塞責。

(三) 公平透明處事

處理事情時能秉持公平的態度，蒐集多方資訊、理解與傾聽各方的立場與意見，接納雅言，並將相關訊息及處理過程儘量透明公開。

(四) 真誠人際

能知人善任，權力下放，能坦白自身的能力不足，請求他人協助；透過主動關懷與溝通，瞭解學校成員及利害關係人的需求與想法，協助解決問題，形塑共同目的；此外，針對學校內、外部成員，亦能真誠表達個人的真正想法。

(五) 心理資本

能展現出對達成學校願景的信心（自我效能）、正向思考遭遇的問題與挑戰（樂觀）、對達成目標具意志力與實踐力（希望）與面對挫折能迅速調整恢復（復原力）等。

二、研究對象及樣本

為瞭解教師及校長知覺真誠領導實踐情形及校長自覺真誠領導實施阻礙因素，以臺灣地區國中、小教師及校長為研究母群體。茲就教

師樣本及校長樣本說明如下：

㈠ 教師樣本

　　參照教育部統計資料，首先預設95%信心水準，抽樣誤差控制在±3.0%以內預估大概樣本數。之後採分層比例抽樣，樣本抽取首先依據學校所在地區：北區（北北基、桃竹苗）、中區（中彰投雲）、南區（嘉南高屏）、東區（宜花東）及各區域不同層級學校（國中、國小）數目之比例抽取103所學校。之後再逐一查詢學校規模，分為大（49班以上）、中（13-48班）、小（12班以下）三類，分別發放問卷17、14、7人【其中包含兼任行政職教師（主任及組長）分別為8、6、3人】。因考慮校長任期未滿一年對教師之領導知覺會有影響，故抽樣時排除此類學校。其次，問卷係郵寄學校教務主任，委請代發給在學校至少待滿一年以上之兼任行政教師（主任及組長）及未兼行政之專任教師。最後共計發出1,180份問卷，回收問卷學校89所，扣除無效問卷，回收有效問卷1,009份，回收率為85.58%。本章認為教師對校長領導的知覺係個人主觀的認知，故分析以個人為單位。教師有效樣本分配概況如表5-1。

表5-1　教師樣本分配

變項	類別	次數	百分比
性別	1. 男	362	35.9%
	2. 女	610	60.5%
	遺漏值	37	3.7%
職務	1. 主任	207	20.5%
	2. 教師兼行政工作	279	27.7%
	3. 導師	365	36.2%
	4. 科任教師	150	14.9%
	遺漏值	8	.8%

（續上表）

變項	類別	次數	百分比
服務年資	1. 5年以下	117	11.6%
	2. 6-10年	154	15.3%
	3. 11-15年	288	28.5%
	4. 16年以上	443	44.9%
	遺漏值	7	.7%
學校類別	1. 國中	288	28.5%
	2. 國小	685	67.9%
	遺漏值	36	3.6%
學校位置	1. 北部地區	359	35.6%
	2. 中部地區	229	22.7%
	3. 南部地區	310	30.7%
	4. 東部及離島地區	105	10.4%
	遺漏值	6	.6%

㈡ 校長樣本

參照教育部統計資料，依學校所在地區及國中、小校數比例，抽取校長樣本580名，回收有效問卷429份。校長樣本基本特性如表5-2。

表5-2　校長樣本基本特性

變項	類別	次數	百分比
性別	1. 男	311	72.5%
	2. 女	111	25.9%
	遺漏值	7	1.6%
校長年資	1. 1-2年	20	4.7%
	2. 3-4年	104	24.2%
	3. 5-8年	116	27.0%
	4. 9-12年	93	21.7%
	5. 13年以上	88	20.5%
	遺漏值	8	1.9%

（續上表）

變項	類別	次數	百分比
學校類別	1. 國中	103	24.0%
	2. 國小	298	69.5%
	遺漏值	28	6.5%
學校位置	1. 北部地區	132	30.8%
	2. 中部地區	115	26.8%
	3. 南部地區	137	31.9%
	4. 東部及離島地區	44	10.3%
	遺漏值	1	.2%

三、研究工具

本研究工具包括教師真誠領導量表、校長真誠領導自評及真誠領導影響因素量表，係參照文獻探討及焦點團體訪談、個案研究結果加以編製而成，茲分別說明如下：

㈠ 教師真誠領導量表

真誠領導係教師知覺校長真誠領導實踐的程度。此一量表包括自我覺察、真誠人際、公平透明處事、自律與道德和心理資本五個分量表，採李克特五點量表設計，得分愈高，表示程度愈高。原先設計由教師填答26題，但為與校長問卷題目對應，剔除較不適合校長填答的6題。正式問卷包括自我覺察3題、自律與道德5題、公平透明處事3題、真誠人際5題及心理資本4題，採Likert五等量表計分，包括非常不符合(1)、不符合(2)、普通(3)、符合(4)、非常符合(5)，分數愈高，表符合程度愈高。經驗證性因素分析後得到RMSEA = .067，顯示構念效度達適配水準；RMR為.027，符合 < .05的標準；GFI、AGFI、NFI、CFI、RFI值分別為.92、.90、.99、.99、.99，皆在.90的標準之上，上述資料顯示本量表理論模式與觀察資料的整體適配度達理想標準，即效度的部分具聚斂效度。另外，各分量表與總量表Cronbach's α值分別為.84、.93、.88、.90、.92、.98，表示此工具信度亦佳。

㈡校長眞誠領導自評量表

　　真誠領導係校長自覺實踐真誠領導的程度。此一量表包括自我覺察、真誠人際、公平透明處事、自律與道德和心理資本五個分量表，題目係對應教師量表題目而發展，如教師量表的題目為：「我們校長能承認自己的缺點、錯誤與能力不足之處」，則校長用量表的題目為：「我能向學校成員承認自己的缺點、錯誤與能力不足之處」。量表採李克特五點量表設計，得分愈高，表示符合程度愈高。正式問卷經驗證性因素分析後得到RMSEA = .049，顯示構念效度達適配水準；RMR為.018，符合 < .05的標準；GFI、AGFI、NFI、CFI、RFI值分別為.93、.91、.99、.99、.99，皆在.90的標準之上，上述資料顯示本量表理論模式與觀察資料的整體適配度達理想標準，即效度的部分具聚斂效度。另外，各分量表與總量表Cronbach's α值分別為.88、.94、.90、.93、.93、.98，表示此工具信度亦佳。

㈢校長眞誠領導影響因素量表

　　真誠領導影響因素係校長對相關因素形成真誠領導實踐阻礙之認知程度。此一量表包括學校內部因素與學校外部因素二個分量表，採李克特五點量表設計，得分愈高，表示程度愈高。正式問卷經驗證性因素分析後得到RMSEA = .07，顯示構念效度達適配水準；RMR為.032，符合 < .05的標準；GFI、AGFI、NFI、CFI、RFI值分別為.95、.92、.98、.99、.98，皆在.90的標準之上，上述資料顯示本量表理論模式與觀察資料的整體適配度達理想標準，即效度的部分具聚斂效度。另外，各分量表與總量表Cronbach's α值分別為.89、.89、.93，表示此工具信度亦佳。

四、資料處理

　　本研究將回收的問卷資料分別編碼輸入電腦後，以LISREL 8.80

統計軟體檢驗研究工具信、效度，另以IBM SPSS/PC為主要統計分析工具，進行信度分析，並透過描述統計分析有效樣本基本資料，瞭解教師及校長知覺真誠領導實踐情形，及校長真誠領導實踐的阻礙因素；並以獨立樣本T檢定及單因子變異數分析考驗不同背景變項（性別、職務、服務年資、學校類別、學校位置、學校規模）之教師在知覺校長真誠領導實踐上的差異情形，若達顯著差異，再進行事後比較。

　　另外，在校長真誠領導實踐影響因素部分，茲就焦點團體訪談所得結果對應問卷結果加以呈現，作為問卷結果之補充說明。

第三節　研究結果與討論

一、校長真誠導實踐情形

㈠國中小校長真誠領導現況與差異分析

　　教師知覺校長之真誠領導五個構面平均數與標準差如表5-3，教師知覺校長真誠領導實踐的程度介於「普通」至「符合」之間。其中以道德自律之平均數最高，公平透明處事得分最低。採相依樣本單因子變異數分析及事後比較（採LSD法），可得知自我覺察明顯高於公平透明處事，真誠人際明顯高於公平透明處事及心理資本，道德自律明顯高於公平透明處事及心理資本。

　　校長自我評估之真誠領導五個構面平均數及標準差如下表，校長自我評估實施真誠領導程度介於「符合」與「非常符合」之間。其中以道德自律構面得分最高，心理資本構面得分最低。再採相依樣本單因子變異數分析及事後比較（採LSD法）發現：自我覺察明顯高於心理資本，真誠人際明顯高於自我覺察和心理資本，公平透明處事明顯高於心理資本，道德自律明顯高於自我覺察和心理資本。

　　校長和教師都予以道德自律層面的評分最高，與馮丰儀與楊宜婷（2015）、林貴芬（2017）、Feng（2016）研究結果：國小教師知覺

校長真誠領導之「內化道德觀」層面最高相類似，推究原因，國內一向對校長的道德操守頗為重視，所以校長會留意自身道德言行所帶給教師的觀感，教師對校長的知覺亦多將焦點置於「校長這個人」優先於校長的行為。而兩者相較，可以發現校長自評在心理資本展現上明顯不如道德自律、真誠人際、公平透明處事、自我覺察等構面佳，但教師卻認為校長在公平透明處事構面之表現明顯不如道德自律、真誠人際、自我覺察及心理資本等構面。顯示校長和教師對校長公平透明處事之認知可能不同，基於學校科層體制特性仍明顯，學校訊息的公開透明程度可能有限，常僅及於行政端和當事人，公平係個人感受，故在認定上可能因人而異，但另一方面是否也意謂校長在處理學校事務時可能也有因人而異的現象產生，此值得進一步探究。

進行T檢定，則可發現校長在五個構面的自評分數和老師評分達顯著差異，校長自評分數顯著高於教師評分，呼應葉連祺（2008）的研究發現校長、主任和教師對國小校長領導能力知覺有所差異。對校長填答者來說，真誠領導量表係自陳量表，分數較高是否也意謂有社會期許反應現象，亦值得考量。

表5-3　真誠領導評估摘要

構面	身分	平均數	標準差	T值
自我覺察	校長 老師	4.42 3.88	.70 .79	12.81***
道德自律	校長 老師	4.49 3.91	.69 .78	13.89***
公平透明處事	校長 老師	4.46 3.83	.71 .80	14.74***
真誠人際	校長 老師	4.46 3.90	.70 .82	13.27***
心理資本	校長 老師	4.37 3.87	.74 .81	11.52***

***$p < .001$

(二) 不同背景教師知覺校長真誠領導之差異情形

茲以T檢定單因子變異數分析及事後比較，探討教師背景變項（性別、職務、服務年資、學校類別、學校位置、學校規模）在校長真誠領導之差異情形。資料分析結果如下：

1. 性別

在性別方面，由表5-4可得知，男性在校長真誠領導之自我覺察、道德自律、公平透明處事、真誠人際、心理資本五個構面上知覺均較女性為高（$p < .001$）。此一研究結果與林貴芬（2017）類似。謝傳崇（2015）發現男性教育人員知覺校長領導高於女性教育人員，認為女性教師為兼顧工作與家庭與校長互動性較少，對校長領導感受較不深刻；男性教育人員協助行政工作的人數比例較高，經常參與行政會議，及與校長可能會有較多的溝通機會和管道，因而有助強化其對校長領導的知覺感受。故男性教師對校長真誠領導知覺程度較女性教師高。

表5-4　性別變項在真誠領導知覺分析摘要

傾向	性別	平均數	標準差	T值
自我覺察	男生 女生	3.96 3.83	.71 .82	2.66**
道德自律	男生 女生	4.03 3.83	.73 .79	4.05***
公平透明處事	男生 女生	3.98 3.74	.73 .81	4.79***
真誠人際	男生 女生	4.04 3.81	.73 .83	4.37***
心理資本	男生 女生	3.96 3.80	.75 .82	3.07**

$**p < .01.$ $***p < .001$

2. 職務

在職務變項方面，由表5-5可得知不同職務變項在校長道德自

律、公平透明處事及真誠人際等面向上達顯著差異。進一步事後比較（採LSD法）得知：主任在校長真誠人際、道德自律上明顯高於教師兼任組長（含其他行政）及導師；在公平透明處事上明顯高於教師兼任組長（含其他行政）、導師及科任老師。此一結果與林貴芬（2017）、馮丰儀與楊宜婷（2015）研究發現類似。究其因：主任係校長校務決策的重要幕僚與推手，平日與校長必須就公務進行互動及意見交流的機會較多，加上其有時必須扮演教師和校長之間的橋梁，對校長的道德形象、校務處理方式也會有較多的理解，是以其對校長真誠人際、道德自律及公平透明處事等面向知覺會明顯高於學校其他教師。然而校長在自我覺察和心理資本部分的展現，前者涉及校長的自省與自我調整，心理資本涉及個人心理狀態，較屬於個人內隱的部分，故不同職務教師在這兩個面向上的知覺未達顯著差異，後續實徵研究亦可就此一部分繼續深入探究。

3. 學校規模

在學校規模變項方面，由表5-6可得知：不同學校規模之教師在自我覺察、道德自律、公平透明處事、真誠人際、心理資本五個面向上均達顯著差異。進一步事後比較（採LSD法）得知：學校規模49班以上，屬大型學校的教師在校長自我覺察、公平透明處事及真誠人際上的知覺明顯低於小型學校（12班以下）和中型學校（13-48班）教師；在校長道德自律與心理資本的知覺上，大型學校教師亦明顯低於中型學校教師。由此可知，學校規模大小會影響教師真誠領導知覺。此一結果呼應Avolio與Luthans大型組織似乎比小型組織更難實施真誠領導（袁世珮譯，2006）；以及謝傳崇（2015）小規模學校教育人員知覺校長領導高於大規模學校教育人員的發現。究其因：大型學校校長和老師的距離感較遠，學校的科層體制較為明顯，很多學校事務之處理亦常訴諸既有的制度和不成文規定，是以校長和教師之間的溝通程度可能有限，教師對校長的教育理念、目的，校長與教師的人際關係，以致關於校長為人處事的認知很多可能都來自校內的耳語和傳

聞。此一結果亦反映出領導大型學校的校長在實施真誠領導上可能有
其限制，需要更多實徵研究結果證實。

　　另外，不同服務年資、學校類別、學校位置之教師知覺校長真誠
領導實踐未達顯著差異，此一結果呼應謝傳崇（2015）教育人員不因
年資差異而影響其對校長領導的知覺。

表5-5　職務變項在真誠領導知覺分析摘要

傾向	職務	平均數	標準差	F 檢定	事後比較
自我覺察	主任	3.95	.74	.94	
	教師兼任組長（含其他行政）	3.85	.78		
	導師	3.85	.83		
	科任教師	3.91	.71		
	Total	3.88	.78		
道德自律	主任	4.03	.74	2.68*	主任＞教師兼任組長（含其他行政）、導師
	教師兼任組長（含其他行政）	3.86	.74		
	導師	3.86	.82		
	科任教師	3.96	.75		
	Total	3.91	.77		
公平透明處事	主任	4.00	.75	4.08**	主任＞教師兼任組長（含其他行政）、導師、科任教師
	教師兼任組長（含其他行政）	3.78	.78		
	導師	3.78	.84		
	科任教師	3.80	.73		
	Total	3.83	.79		
真誠人際	主任	4.05	.77	3.75*	主任＞教師兼任組長（含其他行政）、導師
	教師兼任組長（含其他行政）	3.84	.80		
	導師	3.84	.83		
	科任教師	3.94	.78		
	Total	3.90	.80		

（續上表）

傾向	職務	平均數	標準差	F檢定	事後比較
心理資本	主任	3.96	.74	2.46	
	教師兼任組長（含其他行政）	3.80	.85		
	導師	3.82	.81		
	科任教師	3.96	.74		
	Total	3.87	.80		

*$p < .05$.

表5-6　學校規模變項在真誠領導知覺分析摘要

傾向	身分	平均數	標準差	F檢定	事後比較
自我覺察	12班（含）以下 13-48班 49班以上 Total	3.85 3.94 3.66 3.87	.86 .75 .78 .79	7.07**	49班以上 < 12班（含）以下，13-48班；
道德自律	12班（含）以下 13-48班 49班以上 Total	3.86 3.96 3.75 3.90	.84 .75 .77 .78	4.54*	49班以上 < 13-48班
公平透明處事	12班（含）以下 13-48班 49班以上 Total	3.84 3.87 3.62 3.82	.85 .77 .79 .80	5.56**	49班以上 < 12班（含）以下，13-48班；
真誠人際	12班（含）以下 13-48班 49班以上 Total	3.87 3.96 3.64 3.89	.87 .77 .83 .81	8.73***	49班以上 < 12班（含）以下，13-48班；
心理資本	12班（含）以下 13-48班 49班以上 Total	3.83 3.90 3.72 3.86	.84 .79 .80 .80	3.04*	49班以上 < 13-48班

*$p < .05$. **$p < .01$

二、校長真誠領導實踐之影響因素

校長問卷結果分析，影響校長們在面對多方壓力時，不敢忠於己

身教育理念加以實踐的阻礙因素，主要分成學校內部因素和外部因素兩類（表5-7），呼應賴志峰（2007）學校領導所面臨的內、外部環境影響因素複雜此一研究發現。而且單題的平均數均高於中間值2.5，顯示這些因素對校長真誠領導實踐有相當程度的影響。其中影響程度高低依序為教師自主性高溝通不易；校長遴選制度形成校長辦學壓力，使辦學傾向績效考量；學校規模愈大，校長和老師關係愈疏遠；上級長官的壓力與缺乏支持；學校舊有包袱難以突破、家長觀感、長幼有序及尊老的學校傳統倫理，以及社區民代的壓力。

表5-7　校長真誠領導實踐阻礙因素問卷結果分析

因素	內容	平均數	標準差
學校內部因素	教師自主性高溝通不易	3.36	1.21
	學校舊有包袱難以突破，讓校長不敢有所作為	2.77	1.28
	學校規模愈大，校長和教師關係愈疏遠	3.07	1.22
	學校行政人員與教師對立欠缺組織信任	2.69	1.38
	長幼有序尊老的學校傳統倫理影響校長決策	2.66	1.22
學校外部因素	社區民代壓力常迫使校長必須有所妥協	2.59	1.40
	家長要求觀感影響校長辦學方向	2.77	1.35
	上級長官的壓力與缺乏支持	2.98	1.46
	校長遴選制度形成校長辦學壓力，使辦學傾向績效考量	3.10	1.49

對應上述問卷結果，茲整理焦點團體訪談資料所得教師觀點，就校長真誠領導實踐影響因素加以說明如下，作為問卷結果之補充：

㈠ **學校內部因素**

1. **教師自主意識高**

從訪談資料得知：面對現今教師自主意識高，校長的影響有限，加上任期有限，真誠領導實踐也需要時間，故校長實施意願難免受影響。然誠如受訪者所說：

> 學校是一個很安逸的組織，所以老師們你要他們多做，本來
> 就不容易，……每個人都有每個人的人格特質，尤其能夠當

到老師，都有一定的程度，他們很有主見，也很有看法，在
這樣的情形下，校長再怎麼真誠，他就是很難突破人性。
（3G）

現今教師自主意識高，一旦校長誤判局勢實施真誠領導，未
得到教師的正向回應，反而有可能受傷。（3H）

校長的壓力，其實我想很多老師不懂，或是不瞭解，或是說
不想去瞭解，我們都相信說校長有那個權柄，可是事實上校
長權柄很小。……因為校長跟老師都是一樣都是公務員啊。
誰都不怕誰的啦。（1E）

另外，有受訪者提到當校內教師會扮演反對角色，與校長對立
時，也會形成校長實施真誠領導的阻礙，如：

教師工會也是一個很重要的角色，現在的教師工會，應該是
扮演啦啦隊，但常常不是如此。（1G）

現在教師會也很強勢，所以說某些程度上對校長不是很尊
重，我覺得說溝通可能有很多管道，有很多不一樣的方
式，事緩則圓，那他是用一種很強硬的方式在溝通，當然
是……。（3B）

2. 學校舊有包袱難以突破，讓校長不敢有所作為

從訪談資料得知：校長初到一個學校時常被視為學校的外來者，
校長是否願意深耕學校的意願受學校既有生態及組織文化的影響。如
受訪者提到：

一個組織一個文化，你一個外來的人，你要如何去帶動它，其實是蠻辛苦的，這也就是難處，學校有歷史，有原本的一些文化，那一個新校長來，如何去帶動這個組織，這個就是他的難處。（3H）

學校的事情可能就是只有三分之一的人在做，就是三分之一的老師在動這樣子，那校長不管多好的一個領導力，但是學校可能沉積已久的那種包袱，是沒有辦法去，一個校長是沒有辦法去承擔的。（2B）

遴選或分發的時候，可能都是會剩下一些人家說比較風氣或生態不是說很好的學校，那如果說初任校長一開始是到這樣的學校的話，那他所遭遇的困難或者一些挫折，或者他第一次的熱忱跟那個如果沒有剛好是一個對應關係的時候，可能也會讓領導者的真誠有所包裝，做防衛的一個手段或措施，到後來惡性循環會讓他覺得說我只要平平安安的度過這段時間至下個學校。（2D）

3. 學校規模會影響校長真誠領導之實施

從訪談資料得知：學校規模似乎會影響校長真誠領導之實踐，受訪者認為在學校規模大的校長經營靠制度，校長真誠領導常僅止於行政人員，和教師接觸機會較少。如：

小學校，校長跟老師比較親近，他互動會比較多，大學校有一個制度存在，老師跟校長touch，除非是有什麼重大的事情，不然根本touch不到，大校的話，其實說起來，校長不會管到老師啦，所以說校長什麼真誠不真誠，跟學校、跟我們老師一點關係都沒有，可能跟我們的主任有關係。

（3E）

而且教師對校長真誠領導知覺係除非親身經歷校長對關鍵事件的
處理，否則很多則來自傳聞，對此，受訪者提到：

> 同仁他的感受點，可能不盡然都可以體會到校長的一些所作
> 所為，因為他往往會把一些負面的那個擴大了嘛！（校長不
> 講清楚，大家就從看到的東西去猜猜猜）。（1G）

至於小校，校長跟老師互動機會較多，因此實踐真誠領導可能會
較容易，此適呼應文獻論點：大型組織的領導者似乎較小型組織領導
者較難實施真誠領導，因此真誠領導者必須善用和成員互動時的正向
關鍵時刻，以提升成員的信任，發揮對成員的影響力。

由此可知，校內教師自主意識、學校既有文化生態、學校規模等
校內因素，對於校長真誠領導之實施具影響。

㈡學校外部因素

1. 當前教育政策及績效要求對校長真誠領導形成挑戰

從訪談資料得知，面對當前教育政策及績效責任的要求，對校長
真誠領導實踐的確形成重大挑戰。如受訪者提到：

> 雖然我當老師不久，可是一直覺得學校好像被某個東西綁架
> 了，就是變得有點像是國家推行政策的廣告商，就是要學校
> 很快的給一個成效來證明一個國家的政策達到某一樣的指
> 標，那他可以綁架的人就是校長，我要考核你校長的這幾
> 樣，那就變成說即使校長覺得教學是非常重要，可是他不得
> 不被綁架，行政也是，一個學校好不好不是應該辦學最重要
> 嗎？可是我們在看學校的時候，並不看這些最基本跟最重要

的東西，連帶著很多老師、行政或校長都會覺得他在為一些
不是最重要的事情忙碌，現在的老師其實認真在工作上是占
絕大多數，可是疲於奔命，以至於校長的命令力道愈來愈
弱，……我相信其實校長他自己可能也不認同，可是他必須
要求別人去做到。（1D）

教育政策本身是什麼，校長本身領導理念是什麼？能不能配
合政策，還是政策本身是否正確，會影響到校長的領導。
（1E）

2. 校長遴選制度影響校長真誠領導實踐

林政逸與楊銀興（2015）提到校長遴選制度帶給校長辦學壓力。
從訪談資料得知：校長遴選制度會使校長有所顧忌，不敢有所作為，
有時校長為求連任不得不給老師糖吃，因為校長回任教師並非常態，
校長自己恐怕也很難接受。如受訪者提到：

現在的生態……讓很多校長窒礙難行，第一個就是官場文
化，有一句話是說校長是過客，老師是主人，校長四年之後
可以續任，前四年可能就是說的要不要給糖果……這個真的
會影響到他要做事的魄力跟決心。（1B）

第一任四年滿了，如果下一任沒有了，那還是回去當老師，
我發現很多校長大概在這一點上面，他第一任要變成聖誕老
公公，不斷的給糖果，……學校老師在不斷給糖的過程裡
面，當然有好有壞啦，那如果比較不好的發展的狀態到後來
會發現這校長他帶不動老師。（1E）

3. 來自上級的壓力

真誠領導重視個人核心理念的實踐，然而從訪談資料得知：對於上級長官的要求，校長們似乎是較難拒絕的。秦夢群（2010）也指出上級長官對校長之影響力不可小覷，依法行政，灰色地帶請示上級以立於不敗之地。如受訪者提到：

現在的校長會比較在意局裡面的一些知識或作法，因為現在其實在整個遴選制度跟整個考績都會影響。（2C）

校長真的能夠合乎上面的交辦事項的話，他會升得很快的，那校長要堅持他的理想作為，沒有呼應上面期待的時候，下場……也不會好到哪裡去，……妥協於現實！（1E）

4. 面對家長及民代的壓力

秦夢群（2010）提到校長必須面對與家長、社區與利益團體之政治關係，從訪談資料得知：家長及民代的力量亦可能形成校長真誠領導實踐之阻礙，如受訪者提到：

有時候校長不得不有一點妥協啦，我們不要講同流合汙啦，我們縣內有一個國中利用家長會來壓過校長，用外面的各種民意代表來壓迫校長，校長如果不採納他的意見，不有一點妥協的話，甚至有校長被議會議員叫起來罵到哭，最後受不了，提早退休。（2F）

看到學校校長難以扮演真誠領導者的阻礙，大部分來自民意代表，因為校長他定期會被質詢，我們曾經有校長，因為被叫起來質詢，他說他難過到真的很想開車去撞牆，就是壓力很大，還有有的校長是晚上會作惡夢，就是那種壓力實在太

大了。（3H）

　　由此可知，面對政策及績效責任的要求，校長遴選制度，來自上級長官、家長與民代的壓力等校外因素，對於校長真誠領導之實施具影響，支持本章教師對校長真誠領導知覺程度有限的研究結果，亦印證林政逸與楊銀興（2015）提到國中小校長扮演多重角色，再加上面對上級績效責任的壓力及社區、家長對學校的期望，遭遇的困境與承擔的壓力相當沉重。

㈢ **個人因素**

　　依據訪談資料，除了上述學校內、外環境因素，受訪者提到校長本身價值觀亦會影響校長的真誠領導實踐，如：

　　校長本身的價值觀，因為他可能初任，或者他可能續任或者是調任的，他前面的那個經驗可能會告訴他說：我現在到某一個學校去，我應該重視什麼。（1G）

　　另外，中小學校長係由具教師、主任經歷的人來擔任，但是師資培育制度似乎較強調專業知能的培養，而且真誠領導強調服務別人勝過個人，但受訪者提到：

　　現在師培制度多元師資培育，其實可以發現，現在各位在帶所謂的實習教師或新進教師的時候會發現非常難帶，他們第一個會先談他的權益，再談他的貢獻。那我想這對未來，包括領導人物的養成裡面，這都是問題啊。（1E）

　　由此可知，校長本身的價值觀，即期望自身扮演什麼樣的領導者和養成過程都可能會影響其真誠領導之實踐。

　　綜上所述，校長真誠領導之實施影響因素大致包括個人因素及組織內、外部因素，個人因素包括校長個人價值觀、己身的領導定位及養成過程；組織因素則包括：校內教師自主意識、學校既有文化生態、學校規模等內部因素，以及面對政策及績效責任的要求，校長遴選制度，來自上級長官、家長與民代的壓力等外部因素。

第四節　結語

　　本章參照焦點團體訪談、個案研究結果所得，以校長真誠領導構念：包含自我覺察、道德自律、公平透明處事、真誠人際及心理資本五個構面，作為量化研究之基礎。經問卷調查發現在真誠領導知覺部分，教師知覺校長真誠領導實踐程度有限，校長自評各構面得分均顯著高於教師知覺，顯示兩者對校長真誠領導實踐知覺上有相當程度的差距。其中校長自評和教師兩者在道德自律的構面知覺最高，顯示校長較為重視己身道德形象的經營，但校長自評在心理資本構面得分最低，教師則認為校長公平透明處事構面之表現明顯低於其他構面。

　　至於校長真誠領導實踐影響因素部分，校長問卷調查結果與教師焦點團體訪談結果一致，指出教師自主意識、學校組織生態及文化、學校規模影響校長成員互動距離，以及當前政策及績效責任的要求、校長遴選求連任的壓力、上級要求，家長和民代的壓力都會影響校長真誠領導實踐。

第六章

中小學校長真誠領導、教師親信關係及其工作態度之關係

第一節　前言

　　真誠領導被證實與對領導者的認同、部屬個人認同、正向領導者楷模影響力、對領導者之信任、部屬工作滿意度、組織承諾、工作投入、工作表現、幸福感有正相關，亦顯示出真誠領導對部屬具正向影響（Gardner, Cogliser, Davis, & Dickens, 2011）。領導係被領導者的主觀知覺，而此一主觀知覺會受到其與領導者關係之影響。在華人文化脈絡下，「關係」取向的社會文化特性使得人際相處會因為關係不同而有差序式的對待，此種依據關係親疏遠近或交情深淺所產生的差別性對待，就是在目前華人社會中屢屢被指稱的「差序格局」（鄭伯壎與林家五，1999）。親信關係的知覺即源自領導者的差序對待，由於華人社會的權力距離較高，部屬所知覺的親信關係也會影響其對領導者領導行為的看法及與領導者的互動方式，相較於其他成員而言，領導者會與親信建立較密切的互動關係，對親信會有明顯偏私情事及高度的信賴、互動與支持（戚樹誠，1996），而部屬親信關係知覺佳者，組織公民行為愈多，組織政治行為愈少（許金田、廖紘億、胡秀華與游礜銘，2013）。「信任」、「正直」是真誠領導的兩大支柱（吳清山，2016），Gardner等人（2005）指出知覺較多真誠領導的部屬對其領導者具較高度的信任和較佳的關係。

　　檢視相關文獻，早期教育行政領域學者聚焦領導者真誠（leader authenticity）對教師信任（Hoy & Kupersmith, 1984; Tschannen-Moran & Hoy, 1998）、組織氣候和健康（Henderson & Hoy, 1983）的相關。之後則聚焦校長真誠領導與教師信任、投入（Bird, Wang, Watson, & Murray, 2009; Bird & Wang, 2011）、留任意願（Bird, Wang, Watson, & Murray, 2012），及心理授權對真誠領導、組織公民行為及教師退出教學現場的中介效果（Shapira-Lishchinsky & Tsemach, 2014）。觀諸國內，僅有博士論文一篇（林貴芬，2017），16篇則為尚在學習階段的碩士論文；實徵研究之期刊論文亦相當有限（李新民與朱芷萱，

2012；連娟瓏，2012；馮丰儀與楊宜婷，2015），顯示真誠領導此一主題之實徵研究有待充實，真誠領導實徵研究的廣度及深度可再拓展。Duignan（2014）亦指出，相較於其他的領導，探討真誠領導及真誠領導者影響的研究深度仍然稀薄（thin），顯示國內、外教育領域聚焦真誠領導的研究成果仍然有限。Wilson（2014）建議真誠領導研究宜立基於非西方社會和文化脈絡，以加深和拓展對真誠領導及其影響之理解。本章考量華人價值文化對校長真誠領導實踐之影響，是以將教師親信關係知覺列為重要變項。

在面對績效責任的要求下，如何提升教師的工作態度為校長必須面對與處理的課題，值此國中小校園氛圍欠缺互信、衝突對立時有所聞、教師力求自保之際，校長們身處充滿內、外在價值衝突、諸多期待的情勢對其能否真誠形成挑戰（Walker & Shuangye, 2007）。校長有賴學校行政團隊協助校務推動，兼任行政職教師與未兼任行政職教師對校長真誠領導及親信關係知覺是否有所差異亦有待探究。基此，本章從國中小教師角度切入，試圖建構校長真誠領導實踐、親信關係及工作態度的關係模式，並以親信關係為中介變項，探討結構間的影響關係；最後比較兼任行政職務及專任教師在校長真誠領導實踐及親信關係知覺之差異情形。

第二節　校長真誠領導、親信關係與工作態度

一、親信關係之意涵

領導者與部屬的關係認知中存在親疏關係的認知向度，但對上下關係的親疏關係認知卻會因人而異（蔡松純、鄭伯壎與周麗芳，2015）。親信，表面字義意謂主管身邊既親近又信任之人，其本質包括「親近」與「信任」，前者源自同學、同鄉等社會關係，後者則源自才能、特質所產生的態度（戚樹誠，1996）。隨著時代文化變遷，

陳介玄與高承恕（1991）提出親信關係是先親而信，即基於對特定個人的親近和熟悉所衍生的人際信任，舉凡好友、好同事或好部屬，只要經過相當時間的親近互動，都可能由疏而親，由遠而近。親信關係是主管與親信之間所建立相較於其他成員更為親密的關係模式（戚樹誠，1996），主要是領導者基於與部屬關係的親疏遠近，依照角色關係的義務、規範及行動準則給予不同的對待方式（田育昆與林志成，2013），對部屬的工作行為與效能理應也會產生不同的影響。由於領導者對部屬的對待方式並非一視同仁，部屬也會依自己所知覺的親信關係程度而和領導者有不同的互動方式，被視為親信者，可能會感受到較少的威權領導，較多的德行和仁慈領導行為，基此，部屬會依其與領導者的互動及親近程度來判斷自身所處的關係位置，即「親信關係知覺」（許金田等人，2013）。

西方的領導者成員互動理論（leader-member exchange model, LMX）主張領導者和追隨者間透過互動或交換發展出社會交換關係，進而產生個人義務感、感恩和信任（Sparrowe & Liden, 1997）。追隨者通常會和互動較頻繁的領導者發展出高品質的關係，而高品質的社會交換關係有促於開放溝通、較強的價值一致性及較小的權力距離（Ilies, Morgeson, & Nahrgang, 2005），此類成員通常會被主管視為自己人。秦夢群（2010）亦提到學校組織中的LMX現象很明顯，公立學校校長因為缺乏額外資源與絕對權力，依賴「自己人」的程度明顯升高，部分教師亦基於投桃報李，願意多付出及以較高的工作表現作為回報。

蔡松純等人（2015）指出相較於西方企業組織，華人組織中領導者與部屬之關係親密許多，因為華人文化的影響，領導者願意盡心照顧部屬並分享工作上的成功經驗，與部屬有較高之情感聯繫，部屬亦會產生回報且順從主管的態度，有助形塑部屬角色。許金田等人（2013）的實徵研究發現部屬的親信關係知覺愈佳，其正義知覺與組織公民行為愈多，組織政治行為愈少，而親信關係知覺與組織政治行

為間具有完全中介效果。丁學勤與黃寶嬋（2015）研究亦證實教師與主管互動關係品質對主管信任和承諾具正向影響。王榮春與陳彰儀（2003）的實徵研究發現，部屬與主管互動時，其知覺主管領導行為所考慮到的因素有「品格風範」（德）、「關懷可親」（情）、「酬賞協助」（益）與「管理要求」（御）四項；而當部屬與領導者的權力距離較近，互動機率較頻繁時，部屬對領導者之領導行為知覺會傾向從日常工作中的實際互動加以觀察，考慮的互動內涵為「真誠信靠」、「情感親近」，即類似本研究欲探討的「信任」、「親近」。由此可知，部屬會依其感受到和領導者之親近、信任關係（親信關係）而與領導者互動。故本章將親信關係界定為教師依自身與校長互動所判斷和校長關係的親近、信任程度，在研究工具的編製上分別衡量親近和信任兩個構面，即教師自覺與校長在工作和生活上關係的親近程度；及在工作上與校長彼此間的互信程度。

二、工作態度之意涵

檢視當前教育環境趨於複雜多元，教師工作面臨來自利害關係人的要求日增，而教師工作表現主要受其工作態度之影響，是以本研究聚焦教師工作態度，將其界定為教師對其工作所抱持的想法與行為傾向。基於教師對教育工作的投入與承諾是影響其工作效能的主要關鍵（吳宗祐與鄭伯壎，2006；黃文三與沈碩彬，2012；Robbins & Judge, 2012）。本章將從教師工作投入與工作承諾兩個面向來探究教師的工作態度。

㈠ 工作投入

Hakanen、Bakker與Schaufeli（2006）定義工作投入為與工作相關的積極、充實的心靈狀態，具高度的工作能量和心理韌性，有努力工作的意願和面對困難的毅力，敬業且專注於個人的工作。因此，一個投入工作的人員對其工作有高度的能量和熱忱，且時常沉浸在其工

作中（Bakker & Demerouti, 2008）。Kanungo（1982）則定義工作投入為個人心理上對工作認同的程度，即對特定工作心理認同的認知或信念狀態。紀金山（2011）提到工作投入是教師自我選擇下所主動從事對工作有意義和有價值的行動。而黃文三與沈碩彬（2012）亦將教師工作投入定義為教師願意為教學工作進行充分課前準備，並期盼達成自我肯定。據此，本章持工作投入係個人為工作付出的意願，是一種工作態度（吳宗祐與鄭伯壎，2006）的看法，將工作投入界定為教師願意對學校工作努力的程度與付出的意願。

(二) 工作承諾

　　承諾係個體基於資源交換與心理認同的觀點，對某一組織、工作或個體等對象所作的理性選擇和情感涉入，促使個體投注心力，維持一致、穩定的行為表現（范熾文，2007）。Mowday、Steers與Porter等人（1979）將承諾區分為態度性和行為性的承諾，前者著重個人對其與組織關係的思考，即個人對自身價值與目標和組織價值目標一致程度的考量；後者則有關個人與特定組織的深入連結及如何處理此一問題。Meyer與Allen（1991）則將承諾分為情感性、持續性和規範性承諾，情感性承諾係個人對於組織的情感依附、認同與投入；持續性承諾指個人對離開組織所需成本的知覺；規範性承諾為個人繼續工作的義務感。Chan、Lau、Nie、Lim與Hogan（2008）指出教師承諾係個人對某個具有特殊意義和重要性標的的心理連結或者認同，但是教師承諾的標的不同也會產生不同的影響。紀金山（2011）提及工作承諾是指工作者願意持續從事該項工作的忠誠程度，包含維持自身與工作適配結果的意願，工作承諾高代表工作者較能認同工作的意義。參照上述，本章聚焦於教師對學校工作的承諾，較偏向上述之態度性承諾和情感性承諾，將之界定為教師對自身工作之認同及繼續從事之忠誠程度。

　　綜上所述，本章在工作態度之衡量主要分為工作投入及工作承諾

兩個層面，工作投入係指教師願意對所從事學校工作努力、投注心力的程度和意願；工作承諾則指教師對目前從事工作的認同及繼續從事之忠誠度。

三、校長真誠領導、親信關係與工作態度之關係

檢視真誠領導相關文獻，目前多集中在商管領域，歸納學者們（Avolio, Gardner, Walumbwa, Luthans, & May, 2004; Gardner et al., 2005; Ilies et al., 2005）就真誠領導如何影響追隨者工作態度與表現之歷程所提出的理論架構與觀點：真誠領導係領導者對己身價值與信念自我覺察，藉由自我反省與他人回饋進行自我調節；展現正向心理資本，以高度道德標準自我要求，言行一致，公平透明處事，與部屬建立真誠關係，作為部屬正向學習楷模，使產生正向模仿，引發其成為具有同樣真誠特質與行為的追隨者，進而提升工作承諾、工作投入等工作態度，進而影響工作表現的歷程。依此可推導本章所欲探討四個變項之關係為：校長真誠領導之實踐能引發教師的親近、信任感，激發其正向仿效，有助培養教師真誠，進而提升教師工作態度。

實徵研究部分，吳清山（2016）指出真誠領導有助於建立良好的信任人際互動關係，Hoy與Kupersmith（1984）、Tschannen-Moran與Hoy（1998）的研究均發現校長的真誠與教師對校長、同事和組織的信任呈正相關。Gill與Caza（2015）的研究結果也支持追隨者的真誠領導者知覺能預測其對領導者的認同、心理資本和與領導者的正向社會互動。馮丰儀與楊宜婷（2015）也發現校長真誠領導能正向預測教師信任，Bird、Wang、Watson與Murray（2009）、Bird與Wang（2011）亦發現校長的真誠領導顯著與教師信任和投入呈正相關。Bird、Wang、Watson與Murray（2012）除發現教師信任與工作投入和校長真誠領導呈顯著相關外，還發現教師對校長真誠領導知覺較高者有較高的教師信任與投入，留任意願也較高。由此可知，真誠領導能正向影響教師對校長的信任程度與工作態度。本章欲探究之親信關

係為教師對校長與自身的親近和彼此間信任程度的知覺，教師對校長之信任為其中一部分，依據LMX理論，領導者並非始終居於主動地位，部屬態度也是重要影響因素，有些教師衝著校長的知遇之恩，儘管無實質獲利仍願意付出（秦夢群，2010）。Martin、Guilaume、Thomas與Epitropaki（2016）針對LMX和工作表現進行後設分析，結果顯示LMX對工作表現（任務表現、公民表現）具正相關。是以，教師親信關係知覺對其工作態度會產生影響。

　　另外，Hassan與Ahmed（2011）的研究發現真誠領導能提升部屬對領導者的信任，而此一信任對真誠領導及成員工作投入具中介效果。Roncesvalles與Sevilla（2015）研究發現真誠領導對大學教師之工作表現具直接影響，且能透過信任產生間接影響。Hsieh與Wang（2015）研究亦證實部屬信任對於其真誠領導知覺和工作投入之關係具部分中介效果。Walumbwa、Wang、Wang、Schaubroeck與Avolio（2010）證實對領導者認同能作為真誠領導和工作投入的中介變項。Shapira-Lishchinsky與Tsemach（2014）則發現教師的真誠領導知覺與其心理授權態度正相關；而心理授權則對真誠領導與教師缺席行為具部分中介效果，顯示教師心理感知可能會間接影響校長真誠領導與教師工作態度的關係。依此推論，真誠領導強調領導者須和部屬建立真誠的人際關係，對於部屬的親信關係知覺提升應具有相當的影響力，而與領導者親近互信程度愈高之部屬工作態度也較易受到領導者真誠領導的影響。依此，本章假定：

　　H1：校長真誠領導對教師親信關係知覺具正向影響。

　　H2：校長真誠領導對教師工作態度具正向影響。

　　H3：教師親信關係知覺對教師工作態度具正向影響。

　　H4：校長真誠領導會以親信關係為中介變項，間接影響教師工作態度。

第三節 研究設計

一、理論模式

　　本章旨在探討校長真誠領導、親信關係、教師真誠、及工作態度之關係，參照文獻探討結果，建構出以親信關係及教師真誠作為中介變項，以探討校長真誠領導對教師工作態度的因果機制。理論模式如圖6-1所示。

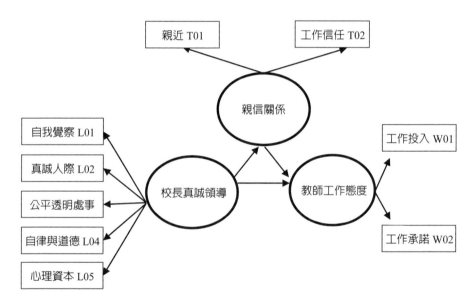

圖6-1　中小學校長真誠領導、教師親信關係與教師工作態度關係之理論模式

二、研究對象與樣本

　　研究對象、樣本選取及樣本資料請參見第五章107-108頁教師樣本之描述。

　　因為本章目的之一在瞭解兼任行政教師與專任教師之差異情形，

故在身分別的部分，考慮兼任行政教師的有效樣本數量，故樣本之抽取比例占全部樣本數高於母群體的分配比例，又因為有8個樣本未填答身分別，故無法辨識，扣除後兼任行政教師（含主任、兼行政教師）為486人，專任教師（導師、科任教師）為515人，以此進行多樣本分析模式檢定。

三、研究工具

㈠ 真誠領導量表

真誠領導係教師知覺校長實踐領導角色時真誠的展現程度。此一量表包括自我覺察、真誠人際、公平透明處事、自律與道德和心理資本五個分量表，共計26題，採李克特五點量表設計，得分愈高，表示程度愈高。正式問卷經驗證性因素分析後得到RMSEA = .05，顯示構念效度達適配水準；RMR為.024，符合 < .05的標準；GFI、AGFI、NFI、CFI、RFI值分別為.93、.91、.99、.99、.99，皆在.90的標準之上，上述資料顯示本量表理論模式與觀察資料的整體適配度達理想標準，即效度的部分具聚斂效度。另外，各分量表與總量表Cronbach's α值分別為.90、.94、.91、.92、.94、.97，表示此工具信度亦佳。

㈡ 親信關係量表

親信關係係指教師自覺與校長在公、私關係的親近程度；及在工作上與校長彼此互信程度，乃參考諸承明（1997）《組織中親信關係之形成及其對部屬效能之關聯性研究》之部屬問卷後自行編製而成。此一量表包括親近、信任兩個分量表，採李克特五點量表設計，得分愈高，表示程度愈高。正式問卷共計10題，經驗證性因素分析，得到RMSEA = .066，顯示構念效度達適配水準；RMR為.032，達理想標準；GFI、AGFI、NFI、CFI、RFI值分別為.98、.94、.99、.99、.99，皆在.90的標準之上，上述資料顯示本量表理論模式與觀察資料的整體適配度達理想標準，即效度的部分具聚斂效度。另外，各分量表與

總量表Cronbach's α值分別為.90、.88、.92，表示此工具信度亦佳。

㈢ 工作態度量表

工作態度量表係衡量教師願意為學校工作投注心力的程度和意願；與對目前工作的認同與忠誠程度，係研究者參照工作投入及工作承諾相關文獻後自行發展。此一量表包括教師工作投入與工作承諾兩個分量表，採李克特五點量設計，得分愈高，表示程度愈高。正式問卷共計8題，經驗證性因素分析，得到RMSEA = .045，顯示構念效度達適配水準；RMR為.025，達理想標準；GFI、AGFI、NFI、CFI、RFI值分別為.99、.97、.99、.99、.99，皆在.90的標準之上，上述資料顯示本量表理論模式與觀察資料的整體適配度達理想標準，即效度的部分具聚斂效度。另外，各分量表與總量表Cronbach's α值分別為.79、.85、87，表示此工具信度亦佳。

此外，上述研究工具所有構面之平均解釋變異量的平方根值皆大於兩個構面間的相關係數，顯示符合Hair、Anderson、Tatham與Black（1998）的建議，兩個不同概念間的相關係數應小於每一概念的平均解釋變異量（AVE）之平方根。顯示上述研究工具亦具區別效度。

四、資料分析

本章將調查資料以IBM SPSS Statistics 22.0進行樣本基本資料描述統計、相關分析及平均數考驗；另外，以LISREL 8.80統計軟體檢驗各量表之組合信度與平均變異抽取量，潛在變項路徑分析（path analysis with latent variables, PA-LV），以及多樣本分析。分析模型包括校長真誠領導、親信關係及工作態度的測量模式（measurement model），以及各潛在變項影響的結構模式（structural model），藉以驗證所蒐集之實徵資料與理論建構模式的一致程度。

第四節　研究結果與討論

Kline（2011）提出當偏態絕對值超過3，則被視為極端偏態，當峰度絕對值超過10時，則被視為極端峰度。本研究的描述統計結果顯示，各觀察變項偏態介於–.07--1.0之間，峰度介於–.15-1.7之間。偏態與峰度係屬可接受範圍，故採用LISREL程序預設的最大概似估計法進行檢定。

一、理論模型之適配度檢定

為回答研究目的一，本研究以理論模型進行模型適配度檢定，卡方值（$\chi^2_{(22)} = 105.64, p < .001$）達顯著，但通常較大樣本時（如超過200），卡方值會較易拒斥虛無假設，所以此一結果僅為參考，需再參照其他指標，卡方值比率（X^2/df）為4.8，依Bollen（1989）標準小於5即可接受，RMSEA = .062，< .08，屬合理適配；RMR為.018，達 < .05之標準；GFI為.98、AGFI為.95、NFI為.99、NNFI為.99，均達 > .90的理想門檻，顯示模式為合理適配。

在結構模型檢定部分（如圖6-2），在直接效果部分，校長真誠領導對教師工作態度與親信關係知覺的影響，發現真誠領導影響工作態度的路徑係數達顯著（效果值為0.13）（$t > 1.96$），支持研究假設2。其次，校長真誠領導對親信關係知覺（效果值為0.76）的路徑係數達顯著，支持研究假設1。再者，教師親信關係知覺對其工作態度的路徑係數（效果值為0.39）達顯著（$t > 1.96$），支持研究假設3。在間接效果的部分，校長真誠領導會透過親信關係知覺對工作態度產生間接效果（效果值為0.76*0.39 = 0.30），以Sobel進行中介效果檢定（$Z = 3.07, p < .05$），支持研究假設4，間接效果值明顯高於直接效果值，顯示校長真誠領導透過親信關係知覺之中介對教師工作態度具更大影響效果。整體而言，真誠領導對工作態度的總效果值為0.43。茲將各直接效果與間接效果整理如表6-1所示。

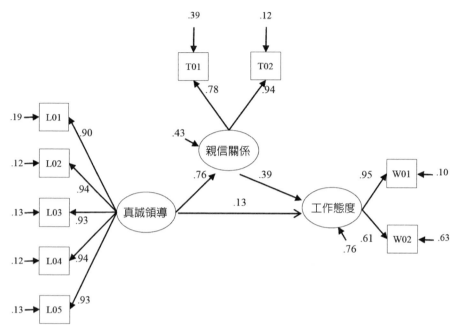

圖6-2 校長真誠領導、親信關係與工作態度之關係模式考驗結果

註：所有以實線表達的路徑係數皆為標準化值，且均 $t > 1.96$

表6-1 模式潛在變項之路徑效果（標準化）

路徑影響關係	效果種類	路徑效果
真誠領導 → 工作態度	直接效果	0.13
真誠領導 → 親信關係	直接效果	0.76
親信關係 → 工作態度	直接效果	0.39
真誠領導 → 親信關係 → 工作態度	間接效果	0.30

二、兼任行政及專任教師真誠領導及親信關係知覺之比較

　　就兼任行政與專任教師在校長真誠領導及親信關係知覺是否有顯著差異進行檢定，結果如表6-2所示。可以發現兼任行政與專任教師在校長真誠領導之公平透明處事方面知覺有顯著差異；在親信關係部

分，兼任行政與專任行政教師在親近與工作信任面向之知覺均有顯著
差異，兼任行政教師知覺與校長親信關係較高。由此可推知，教師們
對校長的親信關係知覺可能因是否兼任行政職務而有所不同。

表6-2　兼任行政與專任教師對校長真誠領導實踐、親信關係知覺之差異情形

量表	向度	兼行政	平均數	標準差	標準誤	t值
校長真誠領導	自我覺察	否	3.94	0.75	0.03	-.70
		是	3.97	0.71	0.03	
	真誠人際	否	3.87	0.81	0.03	-1.36
		是	3.94	0.79	0.03	
	公平透明處事	否	3.78	0.81	0.03	-2.10*
		是	3.89	0.78	0.03	
	道德自律	否	3.91	0.80	0.03	-.98
		是	3.96	0.74	0.03	
	心理資本	否	3.88	0.79	0.03	-.26
		是	3.89	0.80	0.03	
親信關係	親近	否	2.76	0.70	0.03	-9.26***
		是	3.18	0.73	0.03	
	信任	否	3.23	0.75	0.03	-5.62***
		是	3.50	0.75	0.03	

註：* $p < .05.$ *** $p < .001.$

三、綜合討論

　　模式檢定結果發現校長真誠領導對教師工作態度直接影響達顯
著，顯示教師知覺校長真誠領導愈高，教師工作態度也會受到影響，
與Bird等人（2009）、Bird與Wang（2011）、Bird等人（2012）的研
究結果類似，也支持Avolio等人（2004）真誠領導能直接對部屬的態
度和行為產生影響的觀點。其次，研究結果發現教師對校長真誠領導

知覺愈高，教師對校長的親近與信任感也會提升。此一結果呼應王榮春與陳彰儀（2003）的研究結果，也與馮丰儀與楊宜婷（2015）、Bird等人（2009）、Hughes（2005）、Norman（2006）真誠領導能預測成員對領導者之信任結果相近，而Fox、Gong與Atton（2015）的研究發現：真誠領導提供教師個人榜樣，進而促進教師信任可提供註解。再者，研究結果發現教師知覺與校長的親近信任程度愈高，愈有可能產生正向的工作態度。此與Bird與Wang（2011）、Bird等人（2012）研究結果一致，也呼應了丁學勤與黃寶嬋（2015）行政教師自覺與直屬主管的互動關係愈好，就愈容易展現出正式契約外且利主管的行為之研究結果，印證華人文化中領導者和部屬親信關係存在會對個人工作態度與行為產生影響。學校的教育品質有賴第一線的教師，其工作態度是關鍵，因此校長應體認教師認知與校長的互動關係對其工作態度會有影響，並加以經營。

在中介效果的檢驗部分，研究結果指出，校長真誠領導可藉由教師親信關係提升教師的工作態度，此一結果與Clapp-Smith、Vogelgesang與Avey（2009）、Roncesvalles與Sevilla（2015）、Hsieh與Wang（2015）的研究發現相符，呼應鄭伯壎、謝佩鴛與周麗芳（2002）上下關係品質在校長領導作風對教師角色外行為之影響具有中介效果的研究發現，亦支持Avolio等人（2004）對真誠領導、領導者信任及工作投入關係的論點：雖然真誠領導對部屬的態度和行為具直接影響，但是此一影響藉由對真誠領導者的個人認同，個人和領導者親近信任程度之提高，連帶地個人的工作投入也會受到影響。教師自覺和校長的親近互動關係愈好，也就愈信任他們，進而較可能引發見賢思齊之效，校長若欲對教師工作態度產生較大影響，親信關係之建立實為不可忽略的重要一環。

最後，本章發現兼任行政及專任教師在校長真誠領導之公平透明處事及對和校長的親信關係知覺有顯著差異，參照馮丰儀與楊宜婷（2015）主任相較組長及教師對校長的真誠領導知覺較高此一研究發

現，推究其因，兼任行政工作教師因為職務關係，相較於專任教師在處理行政業務時會與校長有較多互動經驗，較易瞭解校長行事作風，與校長建立親信關係，校長也較會把學校訊息告知行政團隊，諮詢意見及將相關事務交由兼行政教師來處理，此亦顯示校長領導親疏有別的現象可能存在，以致兼任行政教師對校長的公平透明處事及親信關係知覺顯著高於專任老師。

第五節　結語

一、校長真誠領導影響教師親信關係及工作態度之關係模式成立

就模式整體適配度而言，在適配度考驗上，指標值均符合標準，研究資料與理論模式適配情形均屬合理適配。因此，校長真誠領導對學校教師親信關係和工作態度之影響關係模式成立。研究發現校長真誠領導實踐程度愈高，教師自覺與其親信關係愈好。其次，教師知覺與校長親信關係愈佳，其工作態度亦會隨之提升。

二、親信關係在校長真誠領導影響教師工作態度具中介效果

研究結果發現校長真誠領導會透過教師親信知覺間接影響教師工作態度，教師親信關係具部分中介變項的特質。而校長真誠領導對教師工作態度的直接效果為0.13，間接效果0.30，總效果0.43，顯示校長真誠領導藉由教師親信關係的中介作用可明顯提升教師工作態度，依此，教師親信關係知覺在校長真誠領導影響教師工作態度的歷程中扮演重要的角色。

三、兼任行政教師知覺校長真誠領導之公平透明處事及親信關係高於專任教師

研究發現，兼任行政教師在校長真誠領導之公平透明處事知覺較

專任教師高；其次，兼任行政教師在親信關係之親近與工作信任面向均顯著高於專任教師，顯示教師們對校長之公平透明處事及親信關係知覺因是否兼任行政職務而有所不同，也印證了華人組織差序現象的存在。

第七章

反省實踐導向教學於學校領導者眞誠領導發展之應用

第一節　前言

　　Fullan（2003）指出學校領導者之道德使命在於促進個人、學校和社會系統的積極改變，但是在現今對學校績效責任的強調下，學校領導者可能偏重達成目的的手段，傾向技術理性思考。真誠領導是在教育行政專業上有效、合理及有意識的反省實踐象徵，以學校領導者之自我覺察為基礎，傳達價值及有技巧的行使領導技能來達成目的（Begley, 2001; 2006），提升自覺的最佳途徑即是自我反省（Branson, 2007a; 2007b; 2009）。Avolio和Luthens在《真誠領導發展與實踐》一書中亦提到有些關於領導發展的最佳學習範例，是來自反省自身過去的成功與失敗（袁世珮譯，2006）。

　　陳寶山（1999）提到學校領導者普遍缺乏自我檢視批判的習慣和勇氣，依循一定的習慣模式處理日常事務，日復一日，受制於自己和別人的偏見，養成奴化的性格與思考模式，難以掙脫傳統宰制的枷鎖。林志成（2001）亦提到在官僚主義的影響下，臺灣的學校領導者缺乏主體性的反省思考能力，只知被動應付上級交辦事項或誤用、濫用權力，無法主動批判省思各種活動是否符合教育的本質與理念，產生了許多反教育的學校行政措施。有些學校領導者只專注在工作表現，疏於對教育領導的目的加以反省，也使其著重在特定學校對職位的要求，而疏於個人作為專業成員的義務（Rebore, 2001）。檢視相關文獻，雖然反省實踐已被提倡及實際應用至學校教師及領導者培育與專業發展上（陳木金，2007；陳依萍，2002；張慶勳，2014；Branson, 2007b; Stefkovich & Begley, 2007; Rintoul & Goulais, 2010），惟國內相關實徵研究較多聚焦在教師的教學反思，以反省實踐發展學校領導者之實徵研究仍然有限。反省探究是個人改進的源頭，反省係對自身思考歷程及行為背後之基本假定的後設認知，學校領導者之培育及專業發展應著重提供個人反省探究的機會，以協助自我覺察。是以本章聚焦於以行動研究探究應用反省實踐導向教學於學

校領導者真誠領導發展之歷程及影響效果。

第二節 以反省實踐促進真誠領導發展及相關研究

一、反省實踐之意涵

反省實踐（reflective practice），有學者採用反省教學（reflective teaching）、行動中反省（reflection in action）等用語，指的是同一事情（洪福財，2000）。反省實踐此一概念的提出可以追溯至John Dewey，Dewey主張教育的經驗是導致經驗重組或改造的經驗，有助增加對經驗意義的領受，以及強化引導隨後經驗方向的能力。人從經驗中產生了對自我、情境及支持這些情境行動的假定，而挑戰經驗中理所當然的面向則是反省思考的主要特質，個人思考、活動的慣性模式及其背後假定必須要被批判檢視（Ross, 1990）。陳依萍（2002）指出，反省實踐係指人們藉由反省的功夫，針對過去、現在與未來所抱持的信念、實際或預期作為，進行審慎地檢視與思考，藉以調整自己的認知與作為，以達到激勵個人成長與組織發展之目的，她認為反省實踐係慎思的歷程、經驗的重新建構、知識、思想和行動的整合、以及促進專業成長的策略。陳木金（2007）則提到「反思學習」（Reflective Learning，簡稱RL）是一種學習與探討實踐中對價值和意義進行深思熟慮的過程。

Osterman與Kottkamp（1993）指出與反省實踐有關的個人行動理論可分為信奉的理論（exposed theories）與應用的理論（theories-in-uses），前者係存在於個人的知覺，能夠回應新的資料或觀念而加以改變，是個人能說出的想法與相信的觀點；後者則是難以理解與確認，卻對我們行動有較大影響力的，因為它們是透過長時間的文化適應與同化的經驗，根深蒂固於個人無法清楚說明的意識中，也不容易被改變。針對應用的理論，Schön（1983）提出行動反省（reflecting-in-action）的概念，即在行動的過程中對行動本身、行動的結果與行

動的直覺認知從事反省，實務人員之行動反省即對他們的實踐認知（knowing-in-practice）加以反省，反省其從事的計畫、其所處的情境，與探索他們用來處理事件的理解，透過反省實踐，專業的實務人員將得以面對與批判內含在行動模式中的策略和理論，檢視影響其決定的規範或評價，進而對不確定的環境產生新的看法，促發較佳的實踐行動之產生。

　　反省實踐係實務人員發展對其表現、本質之衝擊的自我意識，與創造專業成長和發展機會的手段，組織要改變有賴組織成員的規範、信念、倫理承諾、問題解決策略和行為的改變，而反省是鼓勵改變的重要因素（Osterman & Kottkamp, 1993）。學校行政所涉及的不只是知道做什麼，何時做，更重要的是其本身即具有道德意義，故學校領導者之反省實踐能力相當重要（林明地，2000b）。反省實踐始自檢視個人行動和理想行動的差距，並可導致專業行為改變的結果，有助於發展行政人員問題解決、作決定和從事複雜思考的專業知能（Short & Reinhart, 1993）。然而反省探究是需要培養的（Branson, 2009），對學校領導者而言，學習如何從事反省實踐以增強其領導能力是重要的，使學校領導者不只知其然，還能知其所以然（Polizzi & Frick, 2012）。綜上所述，反省實踐係個人對己身所認知從事實務之信念、價值、行動及脈絡因素加以檢視、從實踐中發現問題，進行反省探究，找到解決問題的方法，並依之來修正自己的行動認知或者發展出新的理論知識與行動，促進個人價值、觀念或行動的轉變。

二、以反省實踐促進真誠領導之應用

　　就真誠領導此一歷程而言，領導者的自覺是最重要的，而高度的自我覺察能產生較高的領導真誠（Ilies, Morgeson, & Nahrgang, 2005）。George與Sims（2007）在 *True North: Discover your authentic leadership* 一書中提到自我反省是發現自我的重要關鍵。Begley（2006）指出學校領導者必須為反省的實務人員，在其領導實踐中是

反省與真誠的。反省的習慣將有助學校領導者發現價值、信念與影響行動的假定，透過個人的反省有助於整合先前與新的學習，增強個人的意識，以避免先前的錯誤，並自我督導己身行為。反省實踐導向的教學著重理論與實務的連結，學習者立基於專業實踐情境脈絡下的經驗學習。真誠領導則立基於對觀察到或者經歷到的價值評估過程之理解或者詮釋，包括個人對自身扮演的學校領導角色、擔任教育事務參與者的適當性，及個人如何看待其角色與環境（Begley, 2006）。Avolio與Gardner（2005）指出真誠領導發展係一持續的複雜歷程，經由此歷程領導者與部屬獲得自覺，彼此建立開放、透明、信任和真誠的關係，而訓練的介入或許可以產生部分的影響效果。對此，學者們（George & Sims, 2007; Shamir & Eilam, 2005; Sparrowe, 2005; Polizzi & Frick, 2012）紛紛指出領導者應透過自我反省來促進真誠領導的發展，以對其內在自我有所理解（Branson, 2009）。Shamir與Eilam（2005）認為生命故事有助於發展真誠領導者，使釐清自我知識、自我概念，及其個人所扮演的不同角色。Sparrowe（2005）亦主張對「個人敘事」（personal narratives）進行反思有助真誠領導之發展。

Branson（2007a, 2009）主張真誠領導發展歷程目標在於提升學校領導者的真誠自我，使其能夠確認自我概念裡虛構的部分，並處理與實際不符的理解。他設計了一個學校領導者深度結構化反省的歷程，使領導者從檢視領導生活中的關鍵時刻、重要抉擇與重要人士，使其理解影響其專業生活的參照架構，而透過此一反省歷程，提升學校領導者的自我覺知，得以瞭解個人的價值如何影響其行為與領導（Branson, 2007a; 2009）。

Branson（2007a）主張「自我」（Self）是整合自我概念（self-concept）、自尊（self-esteem）、動機（motives）、價值觀（values）、信念（beliefs）與行為（behaviours）所構成，而所有自我的構成要素是在個人的生活經驗中形成，並對個人在經歷、知覺及對現實的反應產生有力的影響。自我概念是個人如何表現的核心，而且間

接透過自尊、動機、價值觀與信念影響行為。要成為真誠領導者，領導者必須先對其內在自我有所理解，瞭解個人的自我信念與自尊是如何影響其動機、價值、信念及行為。只有有動機對內在自我加以理解的人才會有自覺，因此人們需要學習如何適度的自省以提升其自我意識（Branson, 2009）。

Branson（2009）設計由內向外的方式實施深度的結構式自我反思歷程，提供參與者一系列引導自我探究的問題去檢視個人獨特的生活經驗，即George和Avolio與Luthans指的「觸發事件」（trigger event）或是「關鍵時刻」（defining moment），使其檢視自我概念，進而檢視自我概念對其自尊、動機、信念和行為的影響。

表7-1　自我省思架構

自我組成要素	問題
自我概念	1. 面對這個結果，我的真實感受是什麼？ 2. 這些感受的來源是什麼？ 3. 這些感受是基於我切身的問題或是過去經驗所致？
自尊	1. 處理這個問題，我如何將自身的優勢或之前的知識帶入？這些會不會影響到我的想法？真正影響我的是我已有的優勢還是知識？ 2. 處理這個問題，我有什麼弱點或是缺乏哪些知識？這些會不會影響到我的想法？真正影響我的是我的弱點或知識的缺乏？
動機	1. 我解決這個問題的主要動機是什麼？ 2. 我的思考與處理方法與動機一致嗎？ 3. 哪種結果是我想要的，為什麼？ 4. 哪種結果是我不想要的，為什麼？ 5. 我的行動能反映我對教育的承諾嗎？
價值	1. 我在處理此問題時秉持的是哪些價值？ 2. 何種價值觀或原則是我處理此問題時想要引導別人的？ 3. 誰能從最後的結果獲得任何個人利益嗎？
信念	1. 我是否將個人偏見帶入這個問題的處理？ 2. 我的何種信念將會使結果產生最大利益？這是否會影響到我的想法？ 3. 我的何種信念可能會對結果產生不利的影響？這是否會影響到我的想法？如何儘量減少或否定這些不利的影響？ 4. 我處理問題的想法是否受到較多個人信念的影響，或其他客觀因素？
行為	本問題處理的結果能反映出我決策過程展現的價值與原則嗎？

修改自：" Ethical decision making: Is personal moral integrity the missing link?" by C. Branson, 2010, *Journal of Authentic Leadership in Education, 1*(1), p. 6.

　　本章有關反省實踐的教學方案設計與實施係參照Branson
（2007a; 2009）的自我反省架構（表7-1），針對研究參與者進行引
導，期藉此一深度的反省過程促使其批判反省自身行動動機、價值和
信念，及對自身領導行為之可能影響。

三、相關研究

　　檢視反省實踐相關文獻，目前國內教育行政領域及師資培育領域
均已有相關文獻，師資培育領域較多，如顏素霞（2000, 2002）探討
職前教師的反省思考及張美玉（1996）探討反省思考模式在師資培育
課程的應用。教育行政領域則有黃淑燕（2003）、林佩璇（2007）、
范熾文（2012）提出學校領導反省實踐及反思領導之文章論述，陳郁
汝（2007）則以三位校長為對象探討後現代社會的校長反思領導力，
葉舜益（2009）則以自我為對象揭露一位初任校長的反思歷程，在反
省實踐應用於專業發展部分，則有陳依萍（2002）探討反省實踐取向
教育人員專業發展，陳木金（2007）的問題導向學習法與反思學習法
在校長學習之應用，陳郁汝（2009）之校長生涯反思與專業發展之個
案研究，及張慶勳（2014）以反思與學習啟動校長動能引領變革發展
的學校經營之實徵研究。

　　與本章較直接相關的有Albert與Vadla（2009）以大學生為對象，
探究採敘事取向的上課方式對學生真誠領導發展的影響；Pavlovich
（2007）於大學管理課程上要求學生於修課期間持續撰寫反省札記
以發展其自覺和內在領導，結果顯示反省實踐方法是有效的。還有
Branson（2007a）以澳洲小學校長為對象，探討結構性自我反省對其
真誠領導實踐發展的效果。結果指出反省歷程確實有助提升學校領導
者的自我覺知，得以瞭解個人的價值如何影響其行為與領導（Bran-
son, 2007a）。教育實踐有賴教育實務人員（教師或學校領導者）的
自覺，反省實踐方法應用在教育實務人員培育與專業發展雖久被提
倡，然國內相關實徵研究數量仍不多。故本章採行動研究法，以學校

現職人員為對象，探討反省實踐導向教學對個人真誠領導發展之歷程
與影響。

第三節　研究設計與實施

一、採取行動研究之理由

　　有關學校領導者培育與專業發展的議題在國內雖受到重視，但國
內學校領導者之培育與發展課程仍較著重在專業理論與知能的提供，
及師傅實務經驗的傳授，然而每個領導者的個人特質並不相同，自然
領導實踐也顯現出不同的風格，如George與Sims在其書中提到「模仿
他人無法讓你成為真正的自己，你可以從他人的經驗學習，但不會因
為模仿他人而成功」（楊美齡譯，2008）。真誠領導是構成其他正向
領導的基礎，而自我理解與覺察係真誠領導實踐的首要要素。

　　真誠領導係一持續發展的歷程，與對個人的經歷解讀定義息息相
關，反省實踐係一慎思的歷程，強調個人經驗的反省與持續發展，與
真誠領導發展強調的重點相符。檢視相關文獻，領導者宜透過自我反
省來促進真誠領導發展的主張已被學者廣泛提及，且反省實踐有助
於校長真誠領導之實踐此一結果亦獲一些國外研究（Branson, 2007b;
Rintoul & Goulais, 2010）證實。然而Begley（2006）也提到只靠個人
的反省恐怕不足，真誠領導者必須與學校社群成員就專業實踐的困境
進行集體和持續的對話。基於學校領導培育與專業發展課程應協助學
生發展能持續致用於領導實踐的基礎，因此筆者認為藉由反省實踐導
向教學來協助學生的真誠領導發展實為一可行的途徑。是以本章以反
省實踐導向教學作為行動策略，行動方案進行的過程中不斷進行教學
反思，修正行動，解決問題，最後則就整體教學經驗進行反省與分
析。

二、研究參與者

為瞭解反省實踐導向教學在學校領導者培育及專業發展的應用，故選取研究參與者首要考量為具學校實務工作經驗者；又為納入多元聲音以促進參與者的思考，本章採目的取樣，由修習筆者所開設專業課程之8位學生擔任研究參與者（如表7-2），其身分均為在職生，包括校長4人、主任1人和學校教師3人。另外商請本系對學校領導有深入研究的學術同僚擔任協同合作夥伴，針對教學提供回饋與建議，另請教學助理協助場地準備及教學過程的觀察與記錄，研究者亦於教學實施後將個人對教學實施及學生反應的看法與其核對、討論。

表7-2　研究參與者簡要概述

代碼	性別	身分	經歷
A	女	國小教師	教師年資15年，曾任主任、組長
B	男	國小校長	校長年資20年
C	女	國小校長	校長年資5年
D	女	國中校長	初任校長
E	男	國小校長	校長年資12年
F	女	國小主任	主任年資8年
G	女	國中教師	教師年資8年
H	男	國中教師	教師年資7年

三、資料蒐集與分析

本章蒐集資料包含觀察記錄、反思札記與學生學習文件等，資料蒐集與研究工具請參見圖7-1。

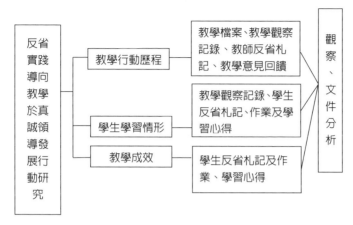

圖7-1　資料蒐集與研究工具

㈠ **觀察記錄**

　　為記錄教學實施歷程、課堂上師生與學生同儕互動和對話，提供教學者修正教學實踐之參考，研究助理全程參與上課過程，進行教學觀察，以錄影方式完整記錄教學並繕打成逐字稿，並於每次教學結束後就研究者之教學檢討提供觀察意見。教學錄影逐字稿亦請協同合作夥伴參考，請其提供教學修正意見。所得資料以「教學觀察記錄」為代碼，並加上第幾次上課為編號。如第一次教學觀察記錄，編碼方式為「教學觀察記錄1」。

㈡ **反思札記**

　　筆者於每次教學後撰寫教學反思札記，就個人教學進行檢討，作為筆者與協同合作行動者對話之參考及修正教學之依據。所得資料以「教學反札」為代碼，並加上第幾次上課為編號。如第一次教學觀察記錄，編碼方式為「教學反札1」。

㈢ **學生學習文件**

　　為瞭解學生反省實踐情形及對其真誠領導發展之影響，蒐集文件資料包括學生所有課堂的學習文件，主要由筆者分析之後，再請協同

合作夥伴再次檢視，並與筆者討論，以確認反省實踐導向教學對研究參與者真誠領導之影響與意見。學生學習文件呈現皆先呈現學生代號，之後加註作業名稱，若有週數則再加註週數。茲舉例說明如表7-3。

　　資料分析部分，本章就教學觀察記錄、教師教學反省札記及學生學習文件等加以編碼，透過有系統的組織方式賦予資料意義，進行資料分類、就觀察、文件分析結果對照比較、歸納與主題分析，最後歸納結論。

表7-3　文件分析代碼

學生學習文件	代碼舉例說明
期末作業	B期末作業：為代號B學生撰寫之期末作業。
反省札記 1. 週記式札記 2. 關鍵事件式札記 3. 學習札記	G週札2：為代號G學生於第2週書寫之週記式札記。 G週札2之回饋：為教師給予G生第2週週記式札記的回饋。 關札1為關鍵式札記第1次作業。 G學札：為代號G學生撰寫之學習札記。

四、信實度檢核

　　另外，本章使用三角檢證與同儕審視等方法確保資料的信實度。筆者一方面運用多元方法蒐集資料，進行資料三角檢證，以增加研究的可靠程度。另外，為避免個人主觀評斷之缺失，與協同合作夥伴定期討論研究發現與心得，以協助澄清研究者之概念，並拓展資料分析之思考角度，建立確切的研究結論，以提高研究的真實程度。

五、研究限制

　　研究部分上課教材係來自研究參與者提供的案例記錄，及個人故事敘說，可能會受研究參與者之主觀選擇性陳述而有情節不夠完整或失真的情形。對此，筆者採取開放的態度，藉由提問儘量釐清情節，但尊重研究參與者發言的權利。

第四節　研究結果與討論

　　本章係探究反省實踐導向之教學模式應用於學校領導者真誠領導發展之歷程與影響。茲就教學歷程、教學修正、教學影響及教學反省說明如下：

一、教學歷程

(一) 教學設計

　　本教學行動方案目標置於學生真誠領導之發展。教學設計著重在使研究參與者經由反省實踐的歷程，增進其對自我的覺察，反省己身（為領導者或被領導者）的專業實踐經驗，進而促進其真誠領導力之發展。反省實踐模式主要為行動後反省與行動中反省，前者係研究參與者回顧過去的專業實踐；後者係針對當前在實務現場的行動進行反省。因為真誠領導之實踐與學校領導專業知能及實務有關，故筆者依據真誠領導五構面（自我覺察、真誠人際、公平透明處事、道德自律及心理資本）及內涵，分析實踐每個構面所需的領導要素，進而發展出對應的上課主題，分別為領導者自我覺察、學校公共關係、行政決策、政治權力與自我定位，及心理資本等。

(二) 教學實施

　　此一教學方案係以一學期的時間進行，教學實施主要由團體反省—個人反省的循環構成教學的歷程。採行的反省實踐方法包括：模擬、寫作、觀察和敘說反省法，茲分述如下：

1. 模擬反省法

　　基於以案例進行教學能提供真實情境模擬，有助批判反省思考（洪志成與王麗雲，1999；張民杰，2001）。撰寫及重寫個人生命故事提供反省的練習有助增強個人的真誠發展（Polizzi & Frick, 2012），故上課主要採案例研討作為引發反省實踐的觸媒，案例來源

主要為研究者依上課主題挑選貼近學校實務現場的案例，以及研究參與者自身擔任學校領導者或被領導的實際經驗之案例記錄，後者再由研究者改寫成匿名討論案例。因考量研究參與者對案例撰寫不熟稔，故研究者除就案例撰寫原則於課堂上加以說明，並提供書面引導外，上課前半階段的案例均由研究者提供，亦藉此使研究參與者瞭解良好案例的特質，而針對研究參與者提供的案例記錄，研究者會事先就資訊不足或有疑之處加以澄清，就較敏感處予以處理，進而改寫成案例。案例討論首先著重在對案例事件、重要當事人及不同價值的釐清，故討論問題之一為：「針對此則案例，我還想知道哪些資訊？」，待澄清案例情節和資訊後，進而依案例搭配的討論問題進行討論。筆者亦視案例討論情形，適時再提問及補充學理，期藉由對案例討論的團體對話反省引發研究參與者瞭解不同的思考觀點，並檢視類似經驗，促進個人反省實踐。如：

> 在教育領導上層級愈高，在形象定位上似乎就愈難明確自我定義，而從教授、校長、主任到老師不同的觀點，真誠看到自己和共學夥伴在教育領導上的形象（A學札）。

> 如何做是最好的呢？看別人的案例很容易，那麼如何看見自己的缺點而放下身段呢？動盪的心如何撫平呢？（F週札3）

　　而個人案例記錄的撰寫除有助個人行動後的反省，透過與同儕之討論亦有助釐清當事人潛藏心中的困惑；如有研究參與者將個人困惑已久的事情改寫成案例，於課堂上討論，討論完畢，他說道：

> 原本是校長愛將的我因為這件事成了校長刁難的對象，終至罷官求去，但是我始終不甚明白為什麼，今天經過大家的討

論，我終於知道爲何如此下場。（教學觀察記錄5）

另外，反省實踐不僅在於內省，亦要能反省學校領導實踐的社會情境脈絡與教育實踐的關聯，故課程中亦要求研究參與者能釐清學校領導實踐的影響因素，期使研究參與者認知社會情境脈絡與個人信念、想法和行動的關聯，同時藉由傾聽他人看法再次反思自身的思考架構。

2. 寫作反省法

基於文字撰寫本身即是一種反省的歷程（陳依萍，2002），研究參與者於學期初需以書面呈現個人的教育領導理念宣言、自傳，期末則再次撰寫並提出自覺需調整之處，用意在促使研究參與者檢視個人信奉理論及專業實踐的連結，以及經過與教師、同儕一學期的對話互動後，能反省思考如何調整。如：

> 透過反省實踐，正好補足了我在整體教育行政工作的觀點，讓我重新去思索自己的行政經歷過程，以另一種角度去看到弊端，去延續優勢，重新定義自己如果再次面對時的方向。（A學札）

其次，反省札記一般為促進反省最常使用的方法，能協助研究參與者檢視個人專業實踐和行動理論。本研究採週記式札記、關鍵事件式札記及期末學習札記三種。週記式札記係研究參與者撰寫對案例研討所引發個人對過去或當下遭遇工作事件的省思；關鍵事件式札記則由筆者提供引導問題，請研究參與者選擇一關鍵事件依引導問題撰寫的省思；期末學習札記係研究參與者撰寫反省實踐對個人領導之影響。如：

> 常思考運動會一定要辦的熱熱鬧鬧嗎？運動會應該是小朋友

一年來體育課程的成果展現，應該邀請的是小朋友的家長到校一起欣賞孩子的表現才是重點。……有次到朋友的學校造訪，都快十一點了學校操場還在排演運動會的大會舞，他說校長很重視運動會，大會舞已經練了好久，結果還是不滿意，所以要繼續練習。……心想運動會真的非要大會舞嗎？這樣會不會影響孩子們其他的學習？（B週札5）

關鍵事件反省：

身為領導者，我雖然傾向扮演強者的角色，但是行政經驗的教訓提醒我在強者角色上的不適合，我認定強者的角色不但要維持自己的以身作則，也要能引導團隊能力的整體提升，從己身推及到他人，無法將心比心，正是我在檢討反省後需要改進的，因此我應該調整的不是讓自己扮演強者角色，而是如何引導他人起來扮演強者。（A關札3）

3. 觀察反省法

真誠領導強調領導者的自我覺察，為提供研究參與者清楚瞭解自我知覺他人眼中的自己及他人看法的一致性，本研究採配對觀察法，以「領導力評估量表」（1-10，10表示非常一致，5代表中等，1代表很少）由研究參與者及學校成員分別填答後進行比較，此一評估著重在提供他人對研究參與者看法，使研究參與者能與自身認為他人對己看法相比對，用意僅在參考，不在對研究參與者做評鑑，故在學校成員的部分，由研究參與者自行決定共事過的對象至少2人，邀請上網匿名填答對研究參與者的觀察評估及評語或建議，並告知評估結果將由筆者處理分析後再將整體評估結果交給研究參與者參考，研究參與者主動邀請的人數分別為3-14人不等。研究參與者自我評估與學校成員的平均分數比對發現，結果有研究參與者自我高估、自我低估和自

評與他評分數接近的三種狀況出現。對此，研究參與者於反省札記分享心得如：

> 身為學校領導者，透過領導指標的同仁檢視，自己很期待瞭解他們心中的我是一個什麼樣的人，與自己的自我觀點有沒有很大的落差，可以對照，這是很刺激驚奇的事，後來出現的數據，看到自己對自己的期望太高、對同仁信心滿滿，這就呈現人的脆弱，……，這也點醒自己常以上層之慣性思考，缺乏了敏感度與貼近同仁的想法，常常自我感覺良好。（E週札8）

> 當打開紙條看到二份數字結果時，眼眶立即有淚水在打轉，鼻頭也酸酸澀澀的……，因為同仁們給的數字真的令我感動，也確認了我所做的一切，我的付出與努力他們真的知道！（C週札8）

4. 敘說反省法

係研究參與者針對個人經驗的口語陳述，主要為課堂對話引發個人對自身故事的敘說，教師及同儕藉由聆聽及反饋，提供研究參與者不同角度的思考，使其再次檢視自身過去的經驗及所持的可能假設。如：

> 她（指同學）對我在課堂中談起從小便是個「透明人」的經驗，爹不疼，娘不愛的，所以成長過程中總是下意識不用考慮會以完成他人需求為使命，透過幫助別人，不斷追求受他人肯定、認同感到喜悅這件事情能感同身受，因為我們都是背負同樣背景長大的孩子，只是「甘願做，歡喜受」，只求付出不求回饋的偉大情操，似乎不是那麼容易，有時我們也

需要他人「拍拍頭」、「秀秀」的！隔天上班，我在學校同
仁面前練習「等我查過行事曆再回覆您，好嗎？」這句話，
暫時擋掉了一件來自上級機關交辦的計畫，全辦公室普天同
慶，歡呼聲不斷……，唉！（C週札7）

　　綜上所述，此次教學行動方案採行之反省實踐方法、相關文件如
表7-4。

表7-4　反省實踐方法、相關文件及內容

方法及相關文件		內容
寫作反省	教育領導理念宣言	個人所秉持的教育領導信念、價值、或原則（期初作業）
	自傳	期初作業：描述個人教育及行政經歷、人生經歷中重要人、事對己身教育領導的影響、轉捩點、個人領導優勢和需加強處。 期末作業：描述個人的教育領導初衷、領導價值、領導目的和希望的貢獻、領導力的調整與發展。
	反省札記	週記式札記八則：描述該案例研討所引發個人聯想到過去曾遭遇的事件，或者對於當週重要事件的處理加以描述，及說明學習到什麼，或對自身領導的影響。 關鍵事件式札記三則： 1. 學校人際關係知覺與經營之描述和反思。 2. 個人領導困境處理之描述及反思。 3. 個人面臨重大考驗之事件處理描述及反思。 學習札記：請描述反省實踐導向教學對個人在教育（領導）工作的反省與學習（包括個人自覺、人際關係、行政決策、教育領導者形象、心理資本）加以說明。
觀察反省	配對觀察	領導力評估量表（個人對自己的評估及與至少兩位工作夥伴的看法相比較）
模擬反省	案例研究	案例記錄二則： 1. 就過去的經驗選擇一個親身經歷的學校重大影響事件，說明事件發生的脈絡、相關人物、經過、領導者作為、事件（正、負面）結果及個人事件學習。 2. 描述一個曾經遭遇過的重大壓力考驗，以致出現偏離信念或者價值觀的情況，個人面臨的困境、處理歷程和結果（可包括短期、長期，有無其他影響或後遺症等）。若重來可能的不同做法。 案例研討： 依真誠領導要素（自覺、真誠關係、道德自律、公平處事和心理資本）挑撰適合的書面案例、影片案例及針對學生案例記錄修正後之案例作為案例研討的內容。
敘說反省	故事敘述	課堂上個人針對自己生活或工作經驗的口語陳述

二、教學修正

㈠反省對學生頗具挑戰，教學者須營造包容的教室氛圍以使學生打開心胸

　　為了讓研究參與者能安心發言，筆者以打造安全的對話環境為首要目標，筆者在第一次上課時亦向同學說明上課原則：「1.上課談話內容勿引述；2.案例人物須化名及案例內容勿傳述；3.尊重每位同學發言與立場，就事論事（教學觀察記錄1）。」不過仍然發現研究參與者的課堂參與上，針對案例內容的討論傾向安全答題，即使研究者嘗試問涉及到個人想法的問題，得到的回答仍是語帶保留（教學反札1）。同樣地，在個人反省札記的撰寫上，亦發現研究參與者僅是書寫了對案例問題的回答，並未見連結個人經驗（教學反札2）。顯示課堂的信任關係需要再提升，而且研究參與者多為在職生，故可能考慮到發言的「面子」問題。Pavlovich（2007）提到對經驗的個人反省是很具挑戰性的，因為很多學生不熟悉運用個人的聲音（personal voice），學生在書寫個人經驗的過程必須打開心胸，即對所寫誠實與真誠，此也包含著對自己書寫的內容承擔風險。如：

　　師：反省札記其實不是只有回答案例問題，反省札記我是希
　　　　望說你可以就你所見所聞的親身經驗連結。
　　生：我現在寫很掙扎的地方是：我到底要不要把它納進來？
　　師：你必須很真誠的把你的感覺寫在裡面，因為作業是反映
　　　　你內心想的事情，其他人不會看到，我扮演的角色就是
　　　　我讀完你的東西，可能會用我的話加註解詢問你是這樣
　　　　想的嗎？也許到最後我會給你一些建議，但是僅供參
　　　　考，反省札記等於是我們兩個之間的對話。（教學觀察
　　　　記錄2）

　　為了引發研究參與者在課堂上願意訴說個人故事，筆者反思唯有教師先自我揭露，才有可能引發學生的意願，遂於下次上課就個人故事、信奉價值及自覺不足之處和他們分享。幸好順利破冰，引發一位學生主動分享個人當時遭遇困境，課堂其他同儕亦予以反饋，課堂安心對話關係之建立露出曙光。

　　學生期末回饋時亦提到：

　　人生不如意十之八九，經由反思或同學的提醒或建議，獲得很多寶貴的意見。有時候會覺得好像在挖自己內心深處的痛，但當坦然面對時，我會正向思考將它解釋成是一種解脫，收穫很多。（D學札）

　　看到深度的自己，這是很不容易的事，能夠訂定班規，營造安全、溫暖與信任的良好互動關係的環境前提下進行，沒有好與壞，只有真誠個人與團體的支持，……課程結束後不再談所做所說深層的事。（E學札）

　　由此可知，安全、信任環境的提供與營造是教學者欲促使學生安心對話的首要努力條件。

㈡學生反思層次不夠深，教學者須適時提問或引導引發深度思考

　　案例討論一開始，研究參與者的討論會較偏向技術性的反省實踐，將焦點置於領導者行為和效能，或者依法行政來解決問題，對此，教學者以引導問題引發其對案例重要角色所抱持價值、行動理由、背後原因的進一步思考，並納入案例中所呈現不同倫理價值的討論，以強化研究參與者的批判反省。如：

　　師：為什麼非要依法行政？

生1：本身來講是一種自我保護啦！其實有時候也是推掉東
　　　西的藉口。

師：從另外一角度來講，法律保護的對象是誰？

生2：當事人或者是另一方的人，我們是行政人員，那就依
　　　法行政，如果不是也是要依法行事。

師：沒錯！不過我發現大家在回答的時候都站在保護行政者
　　　的角度。依法行政最主要目的是要保護那些被法所保障
　　　的那些人，不過各位的討論似乎一直困在法跟情之間，
　　　卻疏忽掉法律要保障的未成年孩子。（教學觀察記錄
　　　4）

生：學校主任要採輪調才公平。

師：為什麼？

生：因為這樣每個主任都會有機會負責四個處室的業務，而
　　　且輪過，對他以後考校長，和當上校長熟悉校務會比較
　　　有幫助。

師：主任的角色是要做什麼的？若從適才適所這個觀點來
　　　想，和剛才的公平會不會衝突？乍看之下的人事公平有
　　　考慮到學校運作怎樣才能對學生最有利嗎？主任是校長
　　　儲訓嗎？一個沒有四個處室歷練的校長，如何勝任校長
　　　工作？一個想提攜後進的校長，除了主任輪調，有沒有
　　　其他的方法呢？（教學觀察記錄6）

　　　又考量到研究參與者對於反省可能不熟悉，為強化其撰寫反省札
記時之反省深度，避免撰寫偏重在描述事件的經過及行為，研究者參
照Branson（2010）的架構，以自我省思架構作為研究參與者撰寫札
記之參考，引導對其內心深處的自我（包括自我概念、自尊、動機、
價值、信念）及行為進行反省，使瞭解個人行為如何受不同的自我組

成要素所影響。對此，研究參與者表示：

> 自我省思架構讓我在覺得迷惘或毫無頭緒時，有一清楚的架
> 構可依循，也能適時的反省自己在處事上是否得宜或有無缺
> 失。（G 關札 3）

> 這個省思架構很大，不過也讓我釐清了一切觀念，到底「愛
> 的教育」是要如何愛？溺愛還是有條件的愛？愛的教育的實
> 施要如何是我要關注的。不過最後我也價值澄清，決定循序
> 漸進的採稍微嚴屬的方式，從生活教育做起，來看看學生的
> 改變及反應如何。（H關札2）

㈢反省作業分量繁重，教師回饋激發學生持續撰寫動力

參照表7-4，此一學期的書面反省作業頗多，研究參與者普遍反
應功課很多，反省札記之撰寫頗耗費時間，針對個人的反省作業，研
究者均以書面方式提供一對一的回饋、提問及再對話，期能藉此過程
激發研究參與者的進一步的反省。如：

> 不適任教師的問題很難處理，加上人情因素會更難處理，很
> 多時候我們都希望有法令當靠山，但是認定的還是教評會的
> 委員，如果老師們心中都有學生，會不會有不一樣的處理方
> 式呢？（D週札6之回饋）

> 校長的職責是保障孩子的學習權，是教育的守護者。面對壓
> 力在所難免，如何應對考驗校長的智慧。「兵無常勢，水無
> 常形，能因敵變化而取勝者，謂之神」。或許可以分析提前
> 退休的校長特質，有些或許真的是時勢比人強，不得不退，
> 但有的呢？（B週札4之回饋）

這樣是事情解決了，不過當初校長有站在代課老師的立場，
支持代課老師，再去跟副會長溝通嗎？還是採取的是不得罪
副會長的作法？如果採取的是前者的作法，事件發展會不會
有所不同呢？（B關札3之回饋）

對此，研究參與者亦提到從中確有收穫，而且教師回饋是促使研
究參與者續寫的動力。如：

教師回饋頗為重要，我覺得這堂課的反省作業偏多，有時候
一忙會覺得是負擔，但是當坐下來好好的思考自己的不足，
又會開始滔滔不絕的陳述，逼自己每週花一點時間來檢視自
己，我覺得這樣的方式很棒。……老師給我的反省札記回饋
也是我繼續寫下一篇的動力，從老師的精闢提問，讓我反省
自己哪裡不足，我覺得有回饋更重於書寫。（H學札）

三、教學影響

從研究結果發現，反省實踐導向教學對研究參與者之真誠領導發
展具正向影響，包括提升個人自覺、自省道德形象、檢討己身決策、
再思人際關係、檢視心理資本。

㈠提升個人自覺

自我覺察係真誠領導的重要關鍵，研究參與者普遍認為反省實踐
導向教學設計有助個人反思自身的教育及領導作為，發現自己的優點
和不足之處，讓自己看到真實的自己，確立自己實踐的價值，有助提
升研究參與者的自覺。如：

原來領導人要學、要留意的事項有這麼多，其實自己才是最

難領導的人，看自己不像看別人這麼清楚，也常忽略了嚴以
律己、寬以待人，領導人一直在找尋別人的缺失，想要領導
告知對方，卻忘了領導自己，認清楚自己。（B期末作業）

上完本堂課，我重新反省自己對教育的思維，到底教育對我
而言是職業還是志業，……。（H期末作業）

說「不」的藝術與TIMING的掌握對我是一件困難辛苦的任
務，而且是要打破我多年下來的僵化習慣，真的不容易，但
很開心自己願意突破。（C期末作業）

能實務深入探討自己學校經營深層思維與反思、真實刺激看
到自己的作為。（E學札）

縱使我一直督促自己不斷精進，但是有時也會忘記要衡量並
不是每一位同仁都能有同樣的背景條件可以一起成長，因此
往往會以相同標準去要求，甚至會質疑對方的能力，反而造
成組織內的壓力，也間接形成自己工作上的負擔。所以在領
導力的調整上，對專業的要求無庸置疑，但是在標準的建立
上應全面考量不同的需求和條件，而不是一視同仁；有時
候，能夠捨棄自己的原則是需要一種勇氣，如果可以不要事
事執著於完美，也許會有不一樣的收穫。（A期末作業）

㈡ 促使自省道德形象

反省實踐導向教學所提供的同儕對話機會，有助研究參與者再思
欲扮演的教育領導形象及自身該調整處。如：

領導者一職雖然離我有一段距離，但在當部屬的過程中，我一直也在學習如何當一個好的領導者，許多在領導者身上看到不佳的部分，都會提醒自己，如果有一天，成為領導者，我一定避免犯這樣的錯誤，只是我依舊擔心自己是否真的能實踐，很害怕會換一個位置就換一個腦袋，因此，必須時時警惕自己。（G期末作業）

從課堂作業和案例分享中，重新把自己的行政經歷做一次的歸納和交代，才發覺自己的學習過程是如此精彩而完整，再次找回自己的自信與肯定，也看到自己在未來行政之路上的方向以及不足之處（A期末作業）。

(三) 檢討己身決策

課堂上不同案例事件呈現出不同的決策，亦提醒研究參與者對己身行政決策優先考量、不同價值的反思，及個人決策思維模式及可能盲點。

行政決策會影響整個校務發展，當然朝令夕改是不好，但如果真的覺知是錯誤的決策時，朝令夕改又何妨。當不小心下了錯誤決定，領導人也應說對不起，這並不代表真的做了什麼天大的錯誤或傷天害理的事，而是一種軟化劑，使事情有「轉圜」的餘地，要知失了面子，會贏了裡子。（B學札）

在行政決策上，除了符合學生最大利益去考量，並注意公平及正義。（C學札）

四 再思人際關係

真誠領導著重真誠人際，研究參與者從聆聽別人的故事及別人的回饋中，促使重新思考自己在學校人際關係中的定位，及再思自身期望的人際關係與經營之道。如：

> 身為領導者，在說話藝術上，更應該多加學習，當你位居高位時，並不能因此就口無遮攔，想說什麼就說，有恃無恐，反而應該注意自己的言詞，才能充分展現領導者的魅力與深度。（G關札1）

> 成就他人同時未必要架構在犧牲自我之上，而是學會如何鼓舞他人，尋求大家協助。（D週札6）

> 這門課程不但讓我認定自己在校外建立人際關係的正確性，也讓我重新看到自己在校內人際關係上可以改進補足的地方，能夠在犯錯之前提前修正自己的觀念和作法。（A學札）

> 我們不會常幸運遇到好領導者，此時就要反思領導者的言語、指令及下的判斷，換個角度去思考，如果我是當時的領導人，我會怎麼做？（B學札）

五 檢視心理資本

心理資本係個人自我覺察與調整的關鍵，從課堂討論及同儕互動，研究參與者展現出不同心理特質亦提供了研究參與者檢視自身心理特質的機會。

> 這堂課教了我做決定的勇氣與下定決定、大刀闊斧地去完成自己的決策，運用在帶班上面我會更堅定、持之以恆的面對

學生，來陪伴學生在成長過程中所必須要面臨的挑戰。（H學札）

我常會思考我的個性不求表現也不會推遲，讓我需承擔很多事情，也知道不會計較，反而得不到別人的重視，但我還是要維持這樣的作風，因為我要對得起自己。（D學札）

四、教學反省

　　研究發現反省實踐導向教學有助研究參與者真誠領導之發展，與Branson（2007b）、Rintoul與Goulais（2010）的研究結果一致，但是反省實踐確實不是件容易的事，因為涉及個人內在的剖析，教學初，面對研究參與者的有所保留，筆者採取等待的態度，也努力營造信任、開放的對話情境，當參與者開始訴說個人故事，筆者以關懷包容、尊重和協助的態度，請學生同儕們呈現不同身分之觀點，提供建議後，真誠、信任的對話關係慢慢建立。因此，反省實踐教學重要的除了教學設計，更是開啟對話機制的互信關係，而教學者本身的言行態度頗為重要，尤其教學者行動中的反省能力，教學過程中如何恰如其分的掌握同儕互動情形、分享的內容再適時提問，點出盲點，或對研究參與者發言的切入，種種教學狀況的應對對教學者而言均是考驗，反省實踐導向教學者，筆者將其定位為引導者、協助者及諍者的角色，但是諍者角色的發揮如何避免讓人認為是批評，說話的藝術即頗為重要。大致而言，研究參與者對反省實踐導向教學的看法則持正面肯定，惟提到反省作業分量頗多，但教學者的回饋會是影響研究參與者持續的動力。對此，筆者將回饋機會視為與研究參與者個別對話的機會，秉持真誠的態度，採一對一的個別化回饋。此次的教學經驗，對於筆者學校實務現場知能之提升及個人反省能力之增進，亦頗有助益。

第五節 結語

　　本章旨在探究反省實踐導向之教學模式應用於學校領導者真誠領導力發展之歷程與影響。基於研究參與者均為學校實務人員，及真誠領導發展係立基於對個人實踐經驗的自覺、持續反省與修正，此一教學方案係以一學期的時間進行，教學實施主要由團體反省一個人反省的循環構成教學的歷程，採行的反省實踐方法包括：模擬、寫作、觀察和敘說反省法。教學實施過程中，真實敘說及撰寫個人經驗頗具挑戰性，研究參與者是否打開心胸，教學者安心對話環境的提供是關鍵；其次，欲促進深度反省，教學者適時提問及事先予以反省架構引導有其必要；另外，反省作業撰寫頗耗費時間，教師真誠回饋是促使研究參與者續寫的動力。最後，真誠領導含括的要素包含：自覺、真誠關係、公平處事、道德自律和心理資本，研究結果發現，反省實踐導向教學有助提升個人自覺、自省道德形象、檢討己身決策、再思人際關係及檢視個人心理資本。

眞誠領導研究之結論與建議

　　本章以校長真誠領導為主軸，透過質性及量化實徵研究探究校長真誠領導之實踐、對教師產生的影響、影響因素及學校領導者真誠領導發展。以下提出結論與建議。

第一節　結論

一、校長真誠領導實踐

㈠校長真誠領導實踐含括自我覺察、道德自律、公平透明處事、真誠人際及心理資本五構面，彼此相互影響

1. 自我覺察

　　自我覺察是真誠領導實踐的關鍵，真誠領導的校長教育目的及價值信念符合教育本質，把教育當志業，具教育熱忱、及教育堅持、瞭解自身的優、缺點，並承認自己的缺點與錯誤，能不斷反省自身言行並加以調整，有為有守。此外，校長的辦學理念、作為與其核心價值一致，以學生為中心，以學校為主要考量，且能明確傳達給學校成員。如個案研究的校長教育目的與核心理念很明確，以營造學校成為大家庭，希望帶起每個孩子，堅持做對學校、學生有意義的事，能承認自身的不足，視道歉為勇者的表現，並能自省且有雅量接納建言，進行自我調整。

2. 道德自律

　　真誠領導的校長能自律、情緒管理良好、言行一致、敬業負責，而且以身作則，除了道德形象的維持，做事亦積極投入，自己帶頭做，親力親為。此外，教師們頗為重視校長能具有道德勇氣，敢做敢當，面對壓力勇於擇善固執，不推諉卸責，能為學校成員的有力後盾。如個案研究的校長在教師眼中是正直、無私，為學校付出，自律且自我要求頗高，關心他人勝過己身的成就與知名度，以身作則實踐學校是家的理念，會幫忙爭取教師所需資源使專心教學，做事有擔當

讓老師很放心。

3. 公平透明處事

真誠領導的校長在處理事情時能秉持公平的態度，蒐集多方資訊、理解與傾聽各方的立場與意見，接納雅言，並將相關訊息及處理過程儘量透明公開，不黑箱作業。如個案研究的校長秉持訊息透明公開的原則，在處理學校校務時採包容、接納的態度，傾向與教師共同討論，以為學校好為前提做成公開、公正的決策並付諸實行。

4. 真誠人際

真誠領導的校長能知人善任，權力下放，且能坦白自身的能力不足，請成員協助；透過主動關懷與溝通，瞭解教師、學生和相關人員的需求與想法，協助解決問題；此外，不僅對學校成員，對學校外部成員，校長亦能真誠表達個人的真正想法，說明自己的困難點。真誠人際關係是焦點團體訪談與個案研究受訪教師都重視，且被視為最易知覺的面向。如個案研究的校長在人際關係的建立朝向營造和親、師、生的家人關係，待人真誠，顧及他人面子，採柔性溝通，知人善任，就教師需求和難處給予關懷，而個人若有困難亦能勇於表明。

5. 心理資本

真誠領導的校長能展現出對教育與帶領教師達成學校願景的信心、正向樂觀看待遭遇的問題與挑戰、對達成目標具堅強的意志力與實踐力，對挫折、壓力能迅速調整加以因應，同樣地，具心理資本的校長亦會帶領學校成員正向思考，協助其建立信心與處事。如個案研究的校長能將學校願景清楚勾勒，且有信心達成，並使老師們相信是有可能實現的；在老師眼裡只要校長想做的事成功率都很高，也很有希望；對遭遇的挫折持正面思考，也能堅強面對挫折，展現出韌性。呼應正向心理學常被提及與真誠領導概念相結合，有助領導者的自我覺察及自我調節，及以正面心理狀態面對挑戰或困難，努力實現目標的觀點。此結果亦支持心理資本應納入真誠領導的要素之一。

㈡ 國中小教師知覺校長真誠領導實踐程度有限

相較於校長自評真誠領導實踐程度高，研究結果顯示國中小教師對校長真誠領導知覺有限，顯著低於校長自評之得分。其次，校長自評和教師知覺以道德自律此一構面實踐得分最高，顯示兩者對校長道德形象的重視，呼應文獻對真誠領導應包含道德元素的強調，亦反映出我國社會對於校長品德操守之注重。再者，教師認為校長在公平透明處事此一構面明顯不如真誠領導其他構面，顯示校長在學校訊息的公開透明度和對待教師態度的公平性可能因人而異，受華人「差序格局」之影響。還有，男性教師在校長真誠領導五個構面的知覺均較女性教師為高；主任在知覺校長真誠人際、道德自律及公平透明處事較教師兼任組長與導師高；小型及中型學校教師知覺校長自我覺察、公平透明處事、真誠人際較大型學校教師高。

㈢ 校長真誠領導影響教師親信關係及工作態度之關係模式成立

校長真誠領導對學校教師親信關係和工作態度之影響關係模式成立。研究發現校長真誠領導實踐程度愈高，教師自覺與其親信關係愈好。其次，教師知覺與校長親信關係愈佳，其工作態度亦會隨之提升。校長真誠領導藉由教師親信關係的中介作用可明顯提升教師工作態度，依此，教師親信關係知覺在校長真誠領導影響教師工作態度的歷程中扮演重要的角色。

二、校長真誠領導實踐對教師態度與表現具正面影響

校長真誠領導實踐除了受到老師的肯定外，亦對他們產生正面的影響。真誠領導的校長能拉近與教師的距離，獲致教師信任及認同，他們明確的辦學目的也給予學校教師共同努力的方向，有助增進學校向心力；而校長的以身作則、言行一致，對教育的認真投入及付出也引發教師們的認同，進而影響其工作投入和承諾，促進教師真誠的發展。其中，校長真誠領導藉由親信關係的中介作用可明顯提升教師工

作態度，因此與教師親信關係的建立是校長必須重視的一環。而個案研究的教師表示當初大家對校長離開學校時對學校發展的憂心，或許正是校長真誠領導實踐之影響的最佳證明，即使校長離開，但校長所經營起來「教師為校努力的動力」已成為學校長期正向發展的基礎，印證文獻所提真誠領導者係就組織的長遠發展去考量與作為，對組織會產生長遠正向的影響之觀點。

三、校長真誠領導之影響因素

㈠ 個人領導定位、經歷及過去經驗影響校長真誠領導實踐

真誠領導者領導背後的動機主要來自對自身經歷的體認，包括生命中重要他人的影響，曾有過的領導經驗、早期的工作經驗，及人生的困境。如個案校長是基於過去求學經驗，及感受到弱勢孩子不受關注，引發其對教育的使命感，並希冀幫助每個孩子達到符合其能力的第一名。儘管文獻提到真誠領導與領導的本質有關，不管領導者欲採取何種領導，真誠都應該是核心要素，但是校長個人價值觀、己身的領導定位及養成過程都可能對其真誠領導實踐產生影響。

㈡ 學校組織文化、學校規模及教師自主程度影響校長真誠領導實踐

真誠領導的實踐需要時間，校長初到一個學校時常被視為學校的外來者，在任期有限的情況下，校長深耕學校的意願通常受學校既有生態、組織文化及校內教師自主意識的影響。另外，學校規模似乎會影響校長真誠領導之實踐，相較於小、中型學校，校長跟老師互動機會較多，學校規模大的校長經營靠制度，校長真誠領導常僅止於行政人員，和教師接觸機會較少，教師對校長真誠領導知覺係除非親身經歷校長對關鍵事件的處理。呼應文獻論點：大型組織似乎較小型組織更難以真誠領導，但真誠領導者必須善用和成員互動時的正向關鍵時刻，以提升成員的信任，進而發揮其影響力。

㈢ **績效責任要求、校長遴選、上級、家長和民代壓力影響校長真誠領導實踐**

校長是政策的推動者，當前政策及績效責任要求似乎凌駕校長個人教育理念，使校長陷於即使明知不符教育本質仍不得不為的困境；其次，校長遴選制度基於連任或者有下一個容身之所的考量，使校長為求人和，有所顧忌，不敢有所作為；而面對來自上級長官、家長和民代的要求亦形成校長真誠領導實踐之壓力，尤其上級長官的要求，校長們似乎是較難拒絕的，此亦顯示校長的教育理念和熱忱恐不敵政治現實，對校長真誠領導實踐形成阻礙。

㈣ **我國校長真誠領導實踐受華人價值之影響**

我國校長真誠領導重視領導者道德自律，與華人文化價值對德行修為之強調可能有關，在真誠人際與公平透明處事上則多少受到華人文化價值「親疏有別」法則的影響。相較於國外真誠領導文獻內化道德觀係指領導者能自律，言行與內在價值觀一致，我國教師們則提到校長要有肩膀，作為老師的依靠；而儘管校長與學校成員真誠互動，但真誠程度視成員與校長的親信程度而定，訊息的透明公開程度亦可能有所差別。由此可知，校長真誠領導實踐受華人價值影響，校長與教師的親疏關係之認定可能影響校長真誠領導實踐程度。

四、以反省實踐發展校長真誠領導力

真誠領導係一持續發展的歷程，立基於對個人實踐經驗的自覺、持續反省與修正，與個人的反省實踐息息相關，反省實踐導向教學對學校領導者真誠領導發展有正向影響，有助提升研究參與者對己身角色定位、教育信念、價值的自覺，使其自省自身的道德形象、真誠人際關係、公平透明處事及檢視個人心理資本，提供其自我調整之參考。反省實踐導向教學歷程可採團體對話反思—個人反思的循環，採行多元的反省實踐方法，如模擬、寫作、觀察和敘說反省法。教學過

程中可能遭遇問題包括：研究參與者不易開放心胸、反省流於技術理性，以及反省需要指引。而建立課堂真誠信任關係、給予結構式深入反省引導問題，則有助克服上述問題。

第二節　建議

一、對學校領導者之建議

㈠ 校長宜踐行真誠領導，以對學校組織產生正面影響

　　研究結果指出，教師們勾勒的校長真誠領導圖像包含自我覺察、道德自律、公平處事、真誠人際及心理資本五個構面，實徵研究證實校長真誠領導對教師具正向影響，是以建議校長們能立基於自我覺察之上，以道德楷模自許，公平透明處理學校事務，及和學校利害關係人建立真誠人際關係，並展現心理資本，協助教師建立達成學校願景與教育目的的信心及動力，引發教師的認同與投入，以對學校組織產生正面影響。

㈡ 校長宜公平透明處事

　　研究結果顯示，教師對校長在真誠領導之公平處事構面知覺最低，顯示校長在處理學校事務時可能相關訊息的公開透明度，及處理方式因人而異，或許受傳統科層體制的影響，許多學校訊息大都只停留行政端或者當事人，建議校長們在處理學校重要事件時以保護教師為前提下將相關訊息公開，會比教師透過傳聞得知還好。另外，校長除了決策時做到形式或程序上的公平，也應該將學校重要訊息儘量公開透明，同時也要和學校內、外部成員建立真誠人際關係，暢通溝通管道，此或許有助提升教師對校長處事之公平知覺。

㈢ 校長宜自覺自省，正視真誠領導之阻礙並思考克服之道

　　研究結果顯示，校長可能會受學校內、外因素的影響，實施真誠

領導的程度有限，因為真誠領導要被成員知覺，進而有效果需要時間。然而身為一校之長，若能透過真誠領導凝聚學校成員的向心力，打造學校團隊，方能真正造福學生。真誠領導的實踐並非一蹴可幾，校長的自覺與自省正是真誠領導的關鍵，故建議校長可先檢視影響自我的教育理念及反省自己有哪些領導迷思，分辨影響自己真誠領導實施之阻礙，進而採取克服之道。

㈣ 校長應善用眞誠領導先與教師建立親信關係以提升其工作態度

研究結果顯示，校長真誠領導透過與學校成員親近、信任關係的建立，將有助提升校長真誠領導對教師工作態度的正向影響，此彰顯出帶人帶心的重要性，不宜一味強調績效考量，親信關係有助建立教師對校長視其為自己人的知覺而產生和一般人不同程度的行為回報，是以校長宜藉由真誠領導之實踐，傳達明確的教育目的、透過自省與調整，展現道德自律及心理資本，成為教師正向楷模，公平透明處理學校事務，和教師建立真誠人際關係，縮短與教師的社會及心理距離，增進教師自覺校長對其信任之程度，進而提升教師的工作態度。

㈤ 校長應強化與非兼任行政教師的互動信任關係形塑學校團隊動力

研究結果指出，兼任行政教師們在親信關係知覺上明顯高於非兼任行政教師，但是從學校是個團隊的角度來思考，學校教育的品質和發展方向實需所有教師共同來努力，教師們自發投入學校事務的力量才是學校永續發展的動力，因此，校長除了實施真誠領導提供正向楷模，亦應加強與非兼任行政教師的真誠互動，建立信任關係，增強其對學校的使命感及工作投入，使其願意一同為學校付出，或許有助解決當前教師任行政職意願低落的問題。

二、對教育主管行政機關及校長培育機構之建議

㈠ 教育主管行政機關宜正視影響校長真誠領導之阻礙，給校長安心辦學的環境

校長真誠領導實踐主要還是在於個人的「自覺」、「願為」及「敢堅持」，然而來自學校外部的影響因素實有必要正視，其中上級對績效責任的要求及交辦的業務繁雜，校長遴選制度讓校長瞻前顧後，加上來自民代、社區家長的壓力，都對校長辦學態度及領導作為形成衝擊，也讓有志及有心奉獻教育者不願投入校長之列，建議教育主管行政機關能就整個教育環境及制度是否能讓校長安心辦學加以省思，正視影響校長真誠領導之阻礙，發揮魄力予以改革，讓教育回歸教育。

㈡ 校長培育及專業發展課程宜納入真誠領導之培養

中小學校長係由具教師、主任經歷的人來擔任，但是他們過去任教師、主任在職場的所見所聞對其擔任校長可能產生影響，加上現今的校長培育及專業發展課程雖重視和校長實務工作的連結，但是較多強調的是針對問題解決的工具理性層面，缺乏對教育本質、目的及個人教育理念與實踐的連結。建議校長培育及專業發展課程宜納入真誠領導之培養，將教育領導者常見迷思，及真誠領導實踐透過案例教學融入校長培育及專業發展課程。

㈢ 可應用反省實踐導向教學促進學校領導者真誠領導發展

研究發現，以反省實踐導向教學促進學校領導者真誠領導發展確具有可行性，建議學校領導培育及專業發展課程教學者能加以應用。具體作法包括：

1. 就教學情境來說，為讓學生能安心訴說個人故事，表達個人真實想法，透過同儕共同反省來促進個人反省，建議教學者須先致力營造公平、信任、溫暖的對話情境，與學生建立真誠人際關係。

2. 欲引導學生反省實踐，教學者本身除要對學校領導實務現場有充分的瞭解，首要之務要能自我覺察，教學者宜檢視自身是否存在偏見與意識型態，在教學行動方案的安排上，教學者於行動前應審慎的思考；行動中能不斷檢視自身行為、參與者反應予以適時調整、以及行動後能針對課程行動再次評估並予以修正，是確保反省實踐教學行動方案順利實施的關鍵。

3. 面對具不同身分背景的學生，教學者應一視同仁，公平對待，給予相同的發言機會；而為鼓勵學生持續反省實踐，教學者應視個別學生給予真誠回饋。此外，教學者亦需留意本身身教所傳遞出的潛在課程。

三、對未來研究之建議

(一) 眞誠領導此一主題研究宜再充實

　　教育行政領域聚焦真誠領導此一主題之實徵研究仍然有限，多數仍立基在西方的學理上，以商管領域的真誠領導理論最為盛行，研究焦點亦多置於校長真誠領導與教師、學校變項之相關，對於影響真誠領導之因素及真誠領導過程實有待更多研究加以釐清；此外，廣義的學校領導者尚包含主任、學年主任、學科領域召集人等，以及未具任何職位與頭銜之教師領導者，建議未來研究可就不同研究對象朝上述研究方向加以探究，以充實國內教育行政領域真誠領導此一主題之知識基礎。

(二) 運用質性研究方法於校長眞誠領導研究以彌補量化研究之不足

　　量化研究雖有助掌握相關變項的關係，但亦因簡化而忽略了教育情境脈絡的複雜性。真誠領導在國內教育行政領域之研究屬起步階段，藉由質性研究瞭解不同情境脈絡下校長如何實施真誠領導，與學校成員的互動影響，以及學校外部環境與校長真誠領導之關係，將有助對複雜現實下校長真誠領導實踐有較完整的理解，作為量化研究結

果之補充，這些深入完整的經驗亦可作為學校領導者之重要參考。

(三) 探究教師真誠對校長真誠領導之交互影響

　　真誠領導有助引發成員的真誠追隨，但領導者真誠領導之強化也會受追隨者真誠的影響，追隨者的真誠是形成彼此真誠關係的關鍵。目前聚焦校長真誠領導對教師真誠，以及探究教師真誠對校長真誠領導之影響效果的實徵研究仍然缺乏，是以建議後續研究可朝校長真誠領導與教師真誠彼此間的交互影響關係進行探究。

(四) 探究真誠領導與其他正向領導的融合效果

　　真誠領導是正向領導的根基性概念，其自我覺察構成所有正向領導的基礎，真誠領導可和轉型、服務、靈性或其他的正向領導合併。本章為對真誠領導有較全面深入的呈現，研究視角主要聚焦在真誠領導，建議後續研究可進一步就校長實施真誠領導與其他正向領導的融合及效果加以檢視，不僅可提供有意實踐真誠領導者之參考，亦有助更拓展真誠領導的學術知識。

(五) 探究真誠領導之影響效果

　　考量受華人文化影響，現今學校場域中校長和教師間仍維持相當程度的社會距離，領導知覺和校長領導對個人的影響較偏向個人主觀感受，故本章之實徵研究係以教師個人為測量單位，並未進行多層次的分析，建議未來研究可朝此方向進行，檢視真誠領導在組織層次對教師集體工作態度與表現的影響，並檢視個人層次與組織層次間的互動效果。

(六) 探究真誠領導者真誠領導發展

　　真誠領導發展係提出真誠領導的學者們一再強調的重點，他們認為真誠領導可透過自我發展，也能藉由領導課程來協助發展，目前聚焦真誠領導發展的研究仍然有限，建議未來研究者可以真誠領導者為研究對象，以生命史探究其真誠領導發展歷程，亦可以教育行政專業

系所學生為對象，設計課程，檢視專業課程對真誠領導發展的效果。

(七) 以反省實踐導向教學應用於真誠領導發展有待更多實徵研究

　　研究顯示，反省實踐導向教學對於具有實務經驗的在職生真誠領導發展具正向效果，但是若學生人數較多時，反省實踐導向教學之實施、效果如何及可能遭遇問題則有待探究；另外，課程對象不同，反省實踐導向教學設計與實施也可能會有所調整，國內目前較缺乏此方面的實徵性研究，建議可採課程實驗進一步探究。

參考文獻

中文部分

丁學勤、黃寶嬋（2015）。國小行政教師與其主管的關係品質對主管信任與承諾之影響：心理契約與角色衝突的中介效果。**教育學刊，45，**43-84。

王榮春、陳彰儀（2003）。部屬觀點之領導理論：部屬對主管領導行為的知覺因素與互動內涵初探。**應用心理研究，20，**181-215。

王銘聖（2016）。**中部地區國民小學校長真誠領導與教師幸福感之研究**（未出版之碩士論文）。國立暨南國際大學，南投。

田育昆、林志成（2013）。關係領導對校長領導的啟示。**學校行政雙月刊，86，**111-129。

余姵歆（2010）。**真誠領導的量測與相關後果變項之研究**（未出版之碩士論文）。樹德科技大學，高雄。

吳宗祐、鄭伯壎（2006）。工作投入、調節他人情緒能力與情緒勞動之交互作用對情緒耗竭的預測效果。**中華心理學刊，48**（1），69-87。

吳清山（2002）。知識經濟社會的校園倫理。**學生輔導，82，**18-29。

吳清山（2016）。真誠領導。**教育研究月刊，262，**131-132。

呂靜昀（2010）。**國民小學校長真誠領導、組織公平與集體教師效能感關係之研究——以桃園縣為例**（未出版之碩士論文）。中原大學，桃園。

李安明（2012）。校長教學領導之改善、學生學習成就及學生學習測驗成績之研究。**教育行政研究，2**（1），21-67。

李新民、朱芷萱（2012）。真誠領導的測量與相關後果變項初探。**樹德科技大學學報，14**（1），341-366。

林志成（2001）。反教育的學校行政之哲學省思。**學校行政雙月刊，14，** 19-28。

林佩璇（2007）。教育領導與教學革新：建構實踐反省的教學文化。**教育研究月刊，153，** 18-30。

林明地（2000a）。展現校長領導力：從學校日常行動開始。**師友，401，** 4-10。

林明地（2000b）。校長領導的影響：近三十年來研究成果的分析。**國科會研究彙刊人文及社會科學，10**（2），232-254。

林明地（2004）。我國學校領導研究與實際的現況與未來發展重點。**學校行政雙月刊，33，** 1-9。

林明地（2010）。國中校長提升課程品質及師生教與學成效之作為分析。**當代教育研究，18**（1），43-76。

林明地、陳威良（2010）。國小校長道德領導對學校組織文化與學生學習表現之影響。**教育學刊，35，** 129-165。

林政逸、楊銀興（2015）。我國國民教育階段校長校務經營困難與離職管理之研究。**臺中教育大學學報：教育類，29**（2），65-91。

林家五、王悅縈、胡宛仙（2012）。真誠領導與仁慈領導對組織公民行為及主管忠誠影響之差異效果。**本土心理學研究，38，** 205-256。

林國楨、謝侑真（2007）。學校領導新典範：完全領導內涵之初探。**學校行政雙月刊，48，** 187-209。

林貴芬（2017）。**國民小學校長真誠領導、教師心理資本、學校信任與學校效能關係之研究**（未出版之博士論文）。國立高雄師範大學，高雄。

姜定宇（2012）。**華人差序式領導、家長式領導、團體績效及部屬反應研究成果報告**。（行政院國家科學委員會專題研究計畫成果編號：NSC99-2410-H-194-050）。臺北：中華民國行政院國家科學委員會。

洪志成、王麗雲（1999）。個案教學與師資培育。**師資培育與教學科技，2，** 111-136。

洪福財（2000）。**幼教教師專業成長：教學反省策略及其應用**。臺北：五南圖書。

紀金山（2011）。國中學校情境與教師工作結果：以TEPS第一波調查為例。**靜宜人文社會學報，5**（1），1-26。

范熾文（2007）。教師組織承諾：概念、發展、類別及其啟示。**學校行政，50**，128-144。

范熾文（2012）。教育行政即反省實踐。**學校行政雙月刊，77**，142-156。

徐宗盛（2010）。**校長真誠領導與教師組織承諾、組織公民行為關係之研究**（未出版之碩士論文）。國立政治大學，臺北。

秦夢群（2005）。教育領導新理論與研究取向之分析。**教育研究月刊，136**，106-120。

秦夢群（2010）。**教育領導：理論與應用**。臺北：五南。

袁世佩（譯）（2006）。B. J. Avolio與F. Luthans著。**真誠領導發展與實踐**。臺北：麥格羅希爾。

張民杰（2001）。**案例教學法——理論與實務**。臺北：五南。

張美玉（1996）。反省思考的教學模式在教育實習課程的應用。**教育研究資訊，4**（6），88-107。

張鈿富、馮丰儀（2010）。臺灣國民中小學校長倫理傾向及道德領導行為之研究。**教育與心理研究，33**（1），73-97。

張慶勳（2008）。校長領導的反思學習案例故事。載於國立暨南國際大學教育政策與行政學系（主編），**2008教育領導與學校經營發展研討會論文集**，227-240頁。南投：教育政策與行政學系。

張慶勳（2014）。以反思與學習啟動校長領導動能引領變革發展的學校經營。**教育學刊，43**，45-75。

戚樹誠（1996）。企業組織親信角色之實證研究。**管理評論，15**（1），37-59。

梁維鈞（2016）。**新竹縣國民小學校長真誠領導與教師幸福感關係之研究**

（未出版之碩士論文）。國立新竹教育大學，新竹。

許金田、廖紘億、胡秀華、游謦銘（2013）。部屬親信關係知覺對其行為
的影響：正義知覺的中介角色。**臺大管理論叢，23**（2），297-326。

許育瑋（2015）。**國中校長真誠領導對教師組織公民行為之影響：探討教
師信任的中介或調節效果**（未出版之碩士論文）。南臺科技大學，臺
南。

連子菁（2011）。**國民小學校長真誠領導與教師變革承諾關係之研究：以
教師心理資本為中介變項**（未出版之碩士論文）。國立臺南大學，臺
南。

連娟瓏（2012）。大專院校校長真誠領導與教師組織承諾關係之研究：以
教師工作敬業為中介變項。**服務業管理評論，10**，67-98。

陳介玄、高承恕（1991）。臺灣企業運作的社會秩序：人情關係與法律。
東海學報，32，219-232。

陳木金（2007，5月）。**問題導向學習法與反思學習法在校長學習之應
用**。校長的學習國際研討會，國立臺北教育大學，臺北。

陳依萍（2002）。**反省實踐取向教育人員專業發展：以校長為例**。臺北：
師大書苑。

陳昭如（2015）。**校長真誠領導與教師專業成長：以臺南市國民小學為例**
（未出版之碩士論文）。南台科技大學，臺南。

陳郁汝（2007）。後現代社會的校長反思領導力：三位校長學校創新經營
的故事傳奇。**學校行政雙月刊，47**，67-91。

陳郁汝（2009）。校長生涯反思與專業發展之個案研究。**學校行政雙月
刊，63**，67-94。

陳景蔚、鄭新嘉（譯）（2004）。B. George著。**真誠領導**。臺北：天下
雜誌。

陳寶山（1999）。批判性思考對學校行政的啟示。**學校行政，1**，12-20。

彭麗芝（2017）。**遇見不平凡的校長：臺中市一位教育老將真誠領導的生
命故事**（未出版之碩士論文）。國立暨南國際大學，南投。

馮丰儀、楊宜婷（2012）。校長眞誠領導實踐之研究。**學校行政雙月刊，80**，17-32。

馮丰儀、楊宜婷（2015）。我國國民小學校長眞誠領導與教師信任關係之研究。**臺北市立大學學報，46**（2），1-33。

黃子軒（2015）。**國小校長眞誠領導對教師工作幸福感影響之研究：以工作士氣為中介變項**（未出版之碩士論文）。南臺科技大學，臺南。

黃文三、沈碩彬（2012）。工作價值觀、工作投入與教學效能關係之研究：以高雄市國中教師為例。**課程與教學，15**（4），161-188。

黃淑燕（2003）。學校行政人員反省思考與實踐之探討。**學校行政雙月刊，24**，35-42。

楊宜婷（2013）。**國民小學校長眞誠領導與教師信任之研究**（未出版之碩士論文）。國立暨南國際大學，南投。

楊玲凰（2016）。**國民小學教師知覺校長眞誠領導與學校效能關係之研究：以學校組織氣氛為中介變項**（未出版之碩士論文）。國立臺南大學，臺南。

楊美齡（譯）（2008）。B. George與P. Sims著。**領導的眞誠修練：傑出領導者的13個生命練習題**。臺北：天下文化。

葉志華（2013）。**桃園縣國民中學教師知覺校長眞誠領導、教師工作態度及其兼任行政職務意願相關之研究**（未出版之碩士論文）。國立新竹教育大學，新竹。

葉連祺（2008）。不同類別評量者對國小校長領導能力知覺評量之比較。**師大學報，53**（3），1-28。

葉舜益（2009）實踐教育諾言：一位初任校長的反思歷程。**學校行政雙月刊，59**，155-166。

諸承明（1997）。**親信關係與績效評估之關聯性研究：從差序格局探討領導者對部屬的評估差異及其影響**（行政院國家科學委員會專題研究成果報告編號：NSC87-2416-H-033-008-）。臺北市：行政院國家科學委員會。

蔡宜穎（2014）。**國民小學校長實施眞誠領導與學校效能關係之研究**（未出版之碩士論文）。國立暨南國際大學，南投。

蔡松純、鄭伯壎、周麗芳（2015）。領導者與部屬上下關係認定之理論模式建構。**中華心理學刊，57**（2），121-144。

蔡進雄（2013）。眞誠領導在教育領導的應用與評析。**教育人力與專業發展，30**（2），61-68。

鄭伯壎（2004）。華人文化與組織領導：由現象描述到理論驗證。**本土心理學研究，22**，195-251。

鄭伯壎、林家五（1999）。差序格局與華人組織行爲：臺灣大型民營企業的初步研究。**中央研究院民族學研究所集刊，86**，29-72。

鄭伯勳、謝佩鴛、周麗芳（2002）。校長領導作風、上下關係品質及教師角色外行爲：轉型式與家長式領導的效果。**本土心理學研究，17**，105-161。

賴志峰（2007）。學校領導的影響因素、實踐與效果：以一所特許學校的經驗爲例。**當代教育研究，15**（4），93-127。

賴志峰（2010）**學校領導新議題：理論與實踐**。臺北：高等。

謝傳崇（2011）。校長發展教師正向心理資本：肯定式探詢的應用。**教育研究月刊，211**，52-65。

謝傳崇（2014）。正向領導的關鍵：眞誠。**教育人力與專業發展，31**（4），37-42。

謝傳崇（2015）。國民中小學校長領導研究之後設分析：以博士論文爲例。**教育研究學報，49**（2），41-64。

謝傳崇、王瓊滿（2010）。國民小學校長分布式領導、教師組織公民行爲對學生學習表現影響之研究。**新竹教育大學教育學報，28**（1），35-66。

顏素霞（2000）。反省思考及實踐對初任教師的啓示。**國教天地，139**，65-70。

顏素霞（2002）。批判教育學應用及挑戰：以職前教師反省思考歸因分析

為例。屏東師院學報，**16**，1-28。

英文部分

Albert, J. F., & Vadla, K. (2009). Authentic leadership development in the classroom: A narrative approach. *Journal of Leadership Education, 8*(1), 72-92.

Avolio, B. J., & Gardner, W. L. (2005). Authentic leadership development: Getting to the root of positive forms of leadership. *The Leadership Quarterly, 16*, 315-338.

Avolio, B. J., Gardner, W. L., Walumbwa, F. O., Luthans, F., & May, D. (2004). Unlocking the mask: A look at the process by which authentic leader's impact follower attitudes and behaviors. *The Leadership Quarterly, 15*(6), 801-823.

Bakker, A. B., & Demerouti, E. (2008). Towards a model of work engagement. *Career Development International, 13*(3), 209-223.

Begley, P. T. (2001). In pursuit of authentic school leadership practices. *International Journal of Leadership in Education, 4*, 353-365.

Begley, P. T. (2006). Self-knowledge, capacity, and sensitivity: Prerequisites to authentic leadership by school principals. *Journal of Educational Administration, 44*, 570-589.

Bhindi, N. L., & Duignan, P. (1997). Leadership for a new century: Authenticity, intentionally, spirituality and sensibility. *Educational Management Journal, 25*(2), 117-132.

Bhindi, N., Smith, R., Hansen, J., & Riley, D. (2008). *Authentic leadership in education: A cross-country phenomenon or, leaders in their own mind?* Retrieved from http://www.woodhillpark.com/attachments/1/NZEALS%20%20Authentic%2Leadership%20Summary.pdf

Bird, J. J., & Wang, C. (2011). Authentic leadership and budget-building practices: Superintendents reveal origins, strategies, and connections. *Academy of Educational Leadership Journal, 15*(3), 143-159.

Bird, J. J., Wang, C., Watson, J. R., & Murray, L. (2009). Relationships among principal authentic leadership and teacher trust and engagement levels. *Journal of School Leadership, 19*(2), 153-171.

Bird, J. J., Wang, C., Watson, J. R., & Murray, L. (2012). Teacher and pincipal perceptions of authentic leadership: Implications for trust, engagement, and intention to return. *Journal of School Leadership, 22*(3), 425-461.

Bollen, K. A. (1989). *Structural equations with latent variables*. New York, NY: John Wiley.

Branson, C. M. (2007a). Effects of structured self-reflection on the development of authentic leadership practices among Queensland primary school principals. *Educational Management Administration and Leadership, 35*, 225-246.

Branson, C. M. (2007b). Improving leadership by nurturing moral consciousness through structured self-reflection. *Journal Education Administration, 45*(4), 471-495.

Branson, C. M. (2009). *Leadership for an age of wisdom*. Dordrecht, Netherlands: Springer Educational.

Branson, C. M. (2010). Ethical decision making: Is personal moral integrity the missing link? *Journal of Authentic Leadership in Education, 1*(1), 1-8.

Bredeson, P. V. (2005). Building capacity in schools: Some ethical considerations for authenticity leadership and learning. *Values and ethics in educational administration, 4*(1), 1-8.

Campbell, J. L. (1996). The reported availability of general practitioners and the influence of practice list size. *The British Journal of General Practice, 46*(409), 465-468.

Chan, W. Y., Lau, S., Nie, Y., Lim, S., & Hogan, D. (2008). Organizational and personal predictors of teacher commitment: The mediating role of teacher efficacy and identification with school. *American Educational Research Journal, 45*(3), 597-630.

Chen, A. (2005). Authentic leadership measurement and development: Challenges and suggestions. In W. L. Gardner, B. J. Avolio, & F. O. Walumbwa (Eds.), *Authentic leadership theory and practice: Origins, effects and development* (pp.227-250). New York, NY: Elsevier.

Clapp-Smith, R., Vogelgesang, G. R., & Avey, J. B. (2009). Authentic leadership and positive psychological capital: The mediating role of trust at the group level of analysis. *Journal of Leadership & Organizational Studies, 15*(3), 227-240.

Cooper, C., Scandura, T., & Schriesheim, C. (2005). Looking forward but learning from our past: Potential challenges to developing authentic leadership theory and authentic leaders. *The Leadership Quarterly, 16*(3), 475-493.

Dubois, J. A. (2010). *The authentic self in educational leadership*. USA: CreateSpace Independent Publishing Platform.

Duignan, P. (2012). *Educational leadership together creating ethical learning environments*. (2nd ed.). Melbourne, Vic: Cambridge University Press.

Duignan, P. A. (2014). Authenticity in educational leadership: History, ideal, reality. *Journal of Educational Administration, 52*(2), 152-172.

Duignan, P., & Bhindi, N. (1997). Authenticity in leadership: An emerging perspective. *Journal of Educational Administration, 35*, 195-209.

Ellen, B. P. III., Douglas, C., Ferris, G. R., & Perrewé, P. L. (2013). Authentic and political leadership: Opposite ends of the same continuum?. In D. Ladkin & C. Spiller (Eds.), *Reflections on authentic leadership: Concepts, coalescences, and clashes* (pp. 231-236). Cheltenham, UK: Edward Elgar Publishing.

Feng, F. I. (2016). School principals' authentic leadership and teachers' psychological capital: Teachers' perspectives. *International education Studies,*

9(10), 245-255.

Fields, D. (2013). Followers' assessments of a leader's authenticity: what factors affect how others deem a leader to be authentic? In D. Ladkin & C. Spiller (Eds.), *Reflections on authentic leadership: Concepts, coalescences, and clashes* (pp. 259-263). Cheltenham, UK: Edward Elgar Publishing

Fox, J., Gong, T., & Atton, P. (2015). The impact of principal as authentic leader on teacher trust in the K-12 educational context. *Journal of Leadership Studies, 8*(4), 6-18.

Fullan, M. (2003). *The moral imperative of school leadership*. Thousand Oaks, CA: Corwin Press.

Gabrielle, W. (2007). *Authentic leadership: Do we really need another leadership theory?* (Unpublished doctoral dissertation), George Mason University, Fairfax, VA. Retrieved from http://mars.gmu.edu:8080/bitstream/1920/2921/1/Wood_Gabrielle.pdf

Gardner, W. L., Avolio, B. J., Luthans, F., May, D. R., & Walumbwa, F. (2005). "Can you see the real me?" A self-based model of authentic leader and follower development. *The Leadership Quarterly, 16*(3), 343-372.

Gardner, W. L., Cogliser, C. C., Davis, K. M., & Dickens, M. P. (2011). Authentic leadership: A review of the literature and research agenda. *Leadership Quarterly, 22*, 1120-1145.

George, B. (2003). *Authentic leadership: Rediscovering the secrets to creating lasting value*. San Francisco, CA: Jossey-Bass.

George, W., & Sims, P. (2007). *True north: Discover your authentic leadership*. San Francisco, CA: Jossey-Bass.

Gill, C., & Caza, A. (2015). An investigation of authentic leadership's individual and group influences on follower responses. *Journal of Management*. Advance online publication. doi:10.1177/0149206314566461

Goffee, R., & Jones, G. (2005). Managing authenticity. *Harvard Business Re-

view, 83(12), 85-94.

Hair, J. F., Anderson, R. E., Tatham, R. L., & Black, W. C. (1998). Multivariate data analysis (5th ed.). New Jersey, NY: Prentice-Hall.

Hakanen, J. J., Bakker, A. B., & Schaufeli, W. B. (2006). Burnout and work engagement among teachers. *Journal of School Psychology, 43*(6), 495-513.

Hallinger, P. (2010). Making education reform happen: is there an 'Asian'way?. *School leadership and management, 30*(5), 401-418.

Hallinger, P. (2011). Leadership for learning: Lessons from 40 years of empirical research. *Journal of Educational Administration, 49*(2), 125-142.

Hassan, A., & Ahmed, F. (2011). Authentic leadership, trust and work engagement. *International Journal of Human and Social Sciences, 6*(3), 164-170.

Henderson, J. E., & Brookhart, S. M. (1996). Leader authenticity: Key to organizational climate, health and perceived leader effectiveness. *Journal of Leadership Studies, 3*, 87-103.

Henderson, J. E., & Hoy, W. K. (1983). Leader authenticity: The development and test of an operational measure. *Educational and Psychological Research, 3*(2), 63-75.

Hoy, W. K., & Kupersmith, W. J. (1984). Principal authenticity and faculty trust: Key elements in organizational behavior. *Planning and Changing, 15*(2), 80-88.

Hsieh, C. C., & Wang, D. S. (2015). Does supervisor-perceived authentic leadership influence employee work engagement through employee-perceived authentic leadership and employee trust? *International Journal of Human Resource Management*, 26(18), 2329-2348.

Hughes, L. W. (2005). *Transparency, translucence or opacity? An experimental study of the impact of a leader's relational transparency and style of humor delivery on follower creative performance* (Unpublished doctoral dissertation). University of Nebraska, Lincoln.

Ilies, R., Morgeson, F. P., & Nahrgang, J. D. (2005). Authentic leadership and eudaemonic well-being: Understanding leader-follower outcomes. *The Leadership Quarterly, 16,* 373-394.

Jawas, U. (2017). The influence of socio- cultural factors on leadership practices for instructional improvement in Indonesian schools. *School Leadership & Management, 37*(5), 500-519.

Julien, M., Wright, B., & McPhee, D. (2013). Authentic Canadian aboriginal leadership: living by the circle. In D. Ladkin & C. Spiller (Eds.), *Reflections on authentic leadership: Concepts, coalescences, and clashes* (pp. 259-263). Cheltenham, UK: Edward Elgar Publishing.

Kanungo, R. N. (1982). Measurement of job and work involvement. *Journal of Applied Psychology, 67*(3), 341.

Kernis, M. H., & Goldman, B. M. (2006). A multicomponent conceptualization of authenticity: Theory and research. *Advances in experimental social psychology, 38,* 283-357.

Kline, R. B. (2011). *Principles and practice of structural equation modeling* (3rd ed.). New York, NY: The Guilford Press.

Kulophas, D., Hallinger, P., Ruengtrakul, A., & Wongwanich, S. (2018). Exploring the effects of authentic leadership on academic optimism and teacher engagement in Thailand. *International Journal of Educational Management, 32,* 27-45.

Leithwood, K., Seashore Louis, K., Anderson, S., & Wahlstrom, K. (2004). *How leadership influences student learning.* New York, NY: Wallace Foundation.

Luthans, F., & Avolio, B. J. (2003). Authentic leadership development. In K. S. Cameron, J. E. Dutton, & R. E. Quinn (Eds.), *Positive organizational scholarship: Foundations of a new discipline* (pp. 241-261). San Francisco: Barrett-Koehler.

Luthans, F., Norman, S., & Hughes, L. (2006). Authentic leadership: A new approach for a new time. In R. Burke & C. Cooper (Eds.), *Inspiring leaders* (pp. 84-104). London, UK: Routledge, Taylor & Francis.

Luthans, F., Youssef, C. M., & Avolio, B. (2015). *Psychological Capital and Beyond*. New York, NY: Oxford University Press.

Martin, R., Guillaume, Y., Thomas, G., Lee, A., & Epitropaki, O. (2016). Leader-Member exchange (LMX) and performance: A Meta Analytic review. *Personnel Psychology, 69*(1), 67-121.

Martin, S. O. (2015). *Analyzing assistant principal perceptions of principal's authentic leadership skills: Implications for trust.* (Unpublished doctoral dissertation). University of Houston, Houston.

Meyer, J. P., & Allen, N. J. (1991). A three-component conceptualization of organizational commitment. *Human Resource Management Review, 1*(1), 61-89.

Mowday, R. T., Steers, R. M., & Porter, L. W. (1979). The measurement of organizational commitment. *Journal of Vocational Behavior, 14*(2), 224-247.

Mulford, B. (2008). *The leadership challenge: Improving learning in schools.* Retrieved from http://research.acer.edu.au/aer/2/

Norman, S. M. (2006). *The role of trust: Implications for psychological capital and authentic leadership* (Unpublished doctoral dissertation). University of Nebraska, Lincoln.

Northouse, P. G. (2016). *Leadership: Theory and Practice* (7th ed.). Los Angeles: Sage.

Osterman, K. F., & Kottkamp, R. B. (1993). *Reflective practice for educators:improving schoolingthrough professionaldevelopment.* Newbury Park, CA: Corwin Press.

Pavlovich, K. (2007). The development of reflective practice through student journals. *Higher Education Research & Development, 26*(3), 281-295.

Polizzi, J. A., & Frick, W. C. (2012). Transformative preparation and professional development: Authentic reflective practice for school leadership. *Teaching and Learning: The Journal of Natural Inquiry & Reflective Practice, 26*(1), 20-34.

Rebore, R. W. (2001). *The ethics of educational leadership.* Columbus, OH: Merrill Prentice Hall.

Rintoul, H., & Goulais, L. (2010). The vice-principalship and moral literacy: Developing a moral compass. *Education, Management, Administration and Leadership, 38*(6), 745-758.

Robbisn, S. P., & Judge, T. A. (2012). *Organizational behavior* (15th ed.). Upper Saddle River, NJ: Pearson.

Robinson, V. M., Lloyd, C. A., & Rowe, K. (2008). The impact of leadership on student outcomes: An analysis of the differential effects of leadership types. *Educational Administration Quarterly, 44*(5), 635-674.

Roncesvalles, M. C. T., & Sevilla, A. V. (2015). The impact of authentic leadership on subordinates' trust and work performance in educational organization: A structural equation modeling. *Journal of Educational and Management Studies, 5*(1), 69-79.

Ross, D. D. (1990). Programmatic structures for the preparation of reflective teachers. In R. T. Clift, W. R. Houston, & M. C. Pugach (Eds.), *Encouraging reflective practice in education: An analysis of issues and programs* (pp. 97-118). New York, NY: Teachers College Press.

Schön, D. A. (1983). *The reflective practitioner: How professionals think in action.* New York, NY: Basic Books, Inc.

Shamira, B., & Eilam, G. (2005). 'What's your story?' A life-stories approach to authentic leadership development. *The Leadership Quarterly, 16*, 395-417.

Shapira-Lishchinsky, O., & Tsemach, S. (2014). Psychological empowerment as a mediator between teachers' perceptions of authentic leadership and their withdrawal and citizenship behaviors. *Educational Administration Quarterly, 50*(4), 675-712.

Short, P. M., & Rinehart, J. S. (1993). Reflection as a means of developing expertise. *Educational Administration Quarterly, 29*, 501-521.

Sparrowe, R. T. (2005). Authentic leadership and the narrative self. *The Leadership Quarterly, 16*, 419-439.

Sparrowe, R. T., & Liden, R. C. (1997). Process and structure in leader-member exchange. *Academy of Management Review, 22*(2), 522-552.

Starratt, R. J. (2004). *Ethical leadership*. San Francisco, CA: Jossey-Bass.

Starratt, R. J. (2012). *Cultivating an ethical school*. New York, NY: Routledge.

Stefkovich, J. & Begley, P. (2007). Ethical school leadership: Defining the best interests of students. Educational *Management Administration & Leadership, 35*(2), 205-224.

Tschannen-Moran, M., & Hoy, W. K. (1998). Trust in schools: A conceptual and empirical analysis. *Journal of Educational Administration, 36*, 334-352.

Villani, S. (1999). *Are you sure you're the principal? On being an authentic leader*. Thousand Oaks, CA: Corwin Press.

Walker, A., & Shuangye, C. (2007). Leader authenticity in intercultural school contexts. *Educational Management Administration & Leadership, 35*(2), 185-204.

Walumbwa, F. O., Avolio, B. J., Gardner, W. L., Wernsing, T. S., & Peterson, S. J. (2008). Authentic leadership: Development and validation of a theory-based measure. *Journal of Management, 34*(1), 89-126.

Walumbwa, F. O., Wang, P., Wang, H., Schaubroeck, J., & Avolio, B. J. (2010). Retracted: Psychological processes linking authentic leadership to follower behaviors. *The Leadership Quarterly, 21*(5), 901-914.

Wilson, M. (2014). Critical reflection on authentic leadership and school leader development from a virtue ethical perspective. *Educational Review, 66*(4), 482-496.

Witziers, B., Bosker, R. J., & Krüger, M. L. (2003). Educational leadership and student achievement: The elusive search for an association. *Educational Administration Quarterly, 39*(3), 398-425.

國家圖書館出版品預行編目資料

校長真誠領導：理論與實踐／馮丰儀著. --
初版. -- 臺北市：五南, 2018.06
　　面；　　公分

ISBN 978-957-11-9627-5（平裝）

1.校長 2.領導 3.學校管理 3.教育行政

526.42　　　　　　　　　　107002896

4I19

校長真誠領導：理論與實踐

作　　　者 — 馮丰儀(491)

發 行 人 — 楊榮川

總 經 理 — 楊士清

副總編輯 — 陳念祖

責任編輯 — 李敏華

封面設計 — 姚孝慈　王麗娟

出 版 者 — 五南圖書出版股份有限公司

地　　　址：106台北市大安區和平東路二段339號4樓

電　　　話：(02)2705-5066　　傳　　真：(02)2706-6100

網　　　址：http://www.wunan.com.tw

電子郵件：wunan@wunan.com.tw

劃撥帳號：01068953

戶　　　名：五南圖書出版股份有限公司

法律顧問　林勝安律師事務所　林勝安律師

出版日期　2018年6月初版一刷

定　　　價　新臺幣300元

※版權所有·欲利用本書內容，必須徵求本公司同意※